Descifrando el Misterio del Trastorno Limítrofe de la Personalidad:

Una Guía de Supervivencia para Vivir y Lidiar con el BPD para Usted y Sus Seres Queridos

Alison Malkovich & Thomas Cox

trabajo puedan ser considerados responsables de cualquier dificultad o daño que pueda sufrir después de ejecutar la información aquí descrita.

Además, la información en las páginas siguientes está destinada solo con fines informativos y, por lo tanto, debe considerarse universal. Como corresponde a su naturaleza, se presenta sin garantía con respecto a su validez prolongada o calidad provisional. Las marcas comerciales que se mencionan se realizan sin consentimiento por escrito y de ninguna manera se puede considerar un endoso del titular de la marca.

Tabla de Contenido

Introducción

Felicitaciones por descargar *Descifrando el Misterio del Trastorno Limítrofe de la Personalidad: Una Guía de Supervivencia para Vivir y Lidiar con el BPD para Usted y Sus Seres Queridos.*

En los siguientes capítulos hablaremos del Trastorno Limítrofe de la Personalidad (también conocido como BPD, por sus siglas en inglés). El BPD puede ser uno de los diagnósticos psicológicos menos comprendidos de nuestro tiempo. Es un trastorno que a menudo se confunde con la depresión maníaca, que sin saberlo, afecta la vida de millones de personas.

La línea entre la depresión y el trastorno de la personalidad es sutil e incluso profesionales de la salud se esfuerzan para diagnosticar a sus pacientes de forma precisa. Sin embargo, los signos reveladores de vivir con BPD, o de estar en una relación con alguien con BPD, representan una realidad visceral para los afectados. Si la información presentada es verdad para used, confíe en su instinto. El BPD es personal, intenso, caótico, molesto, traumático y confuso para aquellos que lo sufren y para los que son objeto del trastorno, hasta el punto de la desesperación.

La buena noticia es que hay muchos motivos para ser optimistas acerca de los tratamientos modernos. El primer y más poderoso paso en la identificación y el tratamiento de este trastorno es estar bien informado. Este libro toma ese primer paso con usted al explorar compasivamente los nueve criterios para el diagnóstico, y al abrir la discusión para hacer la experiencia caótica del BPD más accesible. Los orígenes de la enfermedad son abordados, así como los obstáculos a un claro diagnóstico profesional.

Las herramientas y recursos se ofrecen, no sólo para aquellos con BPD, pero también para aquellos que viven con un ser querido que padece el trastorno. Uno de los aspectos más aislantes del BPD es el hecho de que deforma la realidad. Los que lo tienen no pueden conectarse con el mundo con relaciones constructivas y estables, y aquellos que están en una relación con alguien con BPD, a menudo se les niegan sus sentimientos y su verdad. El comienzo del camino a la recuperación es aprender la verdad de que no está solo, no está loco, y no está mal. Al leer este libro, usted está tomando un poderoso primer paso para descubrir su verdad.

Este libro no pretende ser un sustituto de un profesional de la medicina y no debe leerlo para diagnosticarse a sí mismo o a un ser querido. Lo que es beneficioso es una mejor comprensión de este trastorno complejo que la mayoría de los médicos luchan para diagnosticar con precisión.

Hay un montón de libros sobre este tema en el mercado, así que, ¡gracias de nuevo por elegir este! Se hizo todo lo posible para asegurar que esté lleno de tanta información útil como sea posible. Si usted disfruta de este libro y lo encuentra útil por favor déjenos un comentario. Gracias.

Capítulo 1: Más Que una Cuestión de Personalidad: ¿Qué es el Trastorno Limítrofe de la Personalidad?

No es una tarea sencilla definir, evaluar o diagnosticar el Trastorno Limítrofe de la Personalidad. Con la mayoría de los diagnósticos médicos, uno espera que el problema subyacente sea fácil de detectar. Con los trastornos de la personalidad, toda la estructura invisible de la personalidad está en proceso de revisión. Las pistas para su existencia se hayan en las relaciones con los demás, con las emociones, con los compromisos, y sobre todo, con uno mismo. Es por esta última razón que el paciente limítrofe es tan difícil de diagnosticar. El BPD altera la capacidad de una persona para relacionarse con su ser, para aprehender la realidad de sus acciones y consecuencias, generando a su vez un profundo sentimiento de vergüenza. Aquellos que sufren de este trastorno son propensos a evitar la búsqueda de ayuda y de tratamiento porque hacerlo sería aceptar que hay un problema en mano. En su lugar, la mayoría de los limítrofes viven sus vidas en negación de cualquier problema profundo, subyacente en la fuente de sus limitaciones. Sin embargo, con respecto a aquellos que viven con un individuo limítrofe, es la frustración opuesta. Demasiado a menudo, seres queridos y amigos cercanos viven sus vidas en constante duda de su realidad. ¿Realmente hay algo *tan malo* que está pasando con su familiar? ¿Son realmente *ellos* los locos, en lugar de su amigo?

La confusión es una de las experiencias reveladoras de la vida con o cerca de una persona limítrofe. La sorprendente evidencia es que con una mejor y más profunda comprensión de la enfermedad viene el alivio.

7

La confusión que rodea la experiencia limítrofe no se limita a la esfera personal. De hecho, el precedente histórico de la enfermedad incluye zonas grises y definiciones de cajón que han llevado a conceptos erróneos y malentendidos de la condición hasta el día de hoy. La lucha clínica para capturar la esencia del BPD refleja la confusión personal y la desorientación que experimentan aquellos que viven con el trastorno limítrofe, o cerca de este. El primer paso, como con todos los asuntos que afectan nuestra calidad de vida, es obtener claridad acerca de las condiciones del trastorno. El rastreo de la historia del BPD, conduce a una mejor comprensión no sólo de lo que *es* este trastorno, pero también de por qué los médicos y laicos pueden, sin culpa propia, ser engañados por este trastorno que cambia de forma.

Apenas en los últimos años el BPD se ha convertido en un término que entra en las conversaciones informales. Las celebridades ahora comparten abiertamente sus diagnósticos limítrofes en Twitter durante una época en la que "¡Él es un narcisista!" y "¡Qué psicópata!" son insultos lanzados a la ligera durante el día. Las definiciones alrededor de los trastornos de personalidad son confusas. La investigación de los trastornos de la personalidad es apenas una búsqueda médica reciente del último siglo. El objetivo de comprender un trastorno de la personalidad a nivel personal es similar a emprender una búsqueda mítica: hay un largo y sinuoso camino de salidas en falso, monstruos, guías nobles, victorias y adversidades. Al final, el camino a la comprensión del trastorno limítrofe también ofrece redención.

Mientras que la investigación y el concepto activo del *síndrome limítrofe* se llevaron a cabo durante la década de 1950, el BPD no logró un estatus como diagnóstico oficial en The Diagnostic and Statistical Manual of Mental Disorders (DSM-III) hasta 1980. Antes de este hito, el BPD primero había sido identificado como "síndrome borderline" por el investigador psicológico Roy Grinker y su equipo en 1968. Esto fue seguido por la investigación de John Gunderson y Margaret Singer, publicada en 1975, que sugirió las principales características identificables de la enfermedad. Gunderson avanzó su trabajo colaborativo y publicó un conjunto de parámetros que permitió la investigación de los psicólogos repetir y afirmar la validez del BPD. Esto llevó a la primera definición DSM de 1980, permitiendo entonces a los médicos evaluar y diagnosticar formalmente a los pacientes con la enfermedad.

Sin embargo, los prejuicios previos de que el trastorno era un diagnóstico de "papelera" han prevalecido en el campo. El hecho de que el BPD abarca un amplio espectro de comportamientos, ha causado que los médicos tomen el diagnóstico, en ciertos casos, como un último recurso, cuando "nada más se ajusta" . La depresión maníaca, la esquizofrenia, el déficit de atención e hiperactividad (TDAH) y el trastorno de estrés postraumático (TEPT) son todos diagnósticos que se alinean con muchos de los síntomas del BPD. Mientras que el BPD puede presentarse en conjuntos con muchas de estas condiciones, y de hecho puede agravar estas condiciones, estudios extensos han demostrado su apoyo al limítrofe como una condición distinta que merece su propio diagnóstico y tratamiento.

La confusión profesional que rodea al BPD ha convertido el diagnóstico en algo así como un tabú cultural. Esto puede deberse a la falta de recursos o soluciones simples para el trastorno. No hay una píldora para ofrecerle al paciente limítrofe como cura, como para la ansiedad o la depresión, y no existe ningún grupo establecido de recuperación, como lo hay en el alcoholismo. Es un diagnóstico difícil y una recuperación que requiere de múltiples niveles de atención: modificación de la conducta, terapia, psiquiatría, introspección, y apoyo para las relaciones. De lo que más requiere un diagnóstico limítrofe es de tiempo. El camino a la recuperación es a menudo largo y duro.

En la sociedad, no está claro qué decirle a alguien que comparte su diagnóstico limítrofe. Sin embargo, con el aumento constante de la investigación y la comprensión, este tabú está saliendo de las sombras. No es la naturaleza de la condición lo que debe dejarse en la oscuridad, sino más bien sus malentendidos.

Aquellos que han luchado con la enfermedad o la han visto de cerca implícitamente entienden la dificultad de la esfera psicológica para precisar el comportamiento limítrofe. La forma en que un paciente puede fácilmente transformarse de un padre amoroso y estable a una víctima caótica de un flashback—similar a un episodio post-traumático—y, a continuación, rápidamente salir de este caos sólo para empezar una maratón de limpieza de la casa, puede hacer que los testigos fácilmente crean que hay una gama de trastornos menos amplia y menos complicada para diagnosticar. Esto no implica que el trastorno bipolar, la depresión, la ansiedad, o cualquier otra condición de salud mental es "más fácil" que el BPD, pero es útil ilustrar cómo trastornos simultáneos pueden desmentir una sola causa raíz. Sólo porque alguien esté deprimido no significa que no tiene BPD, y sólo porque alguien es diagnosticado con BPD no significa que no esté deprimido. De hecho, las Personalidades Limítrofes son propensas a tener estos síntomas paralelos, pero el enfoque para la recuperación del BPD es muy diferente que el de sus síntomas aparentemente gemelos.

Con un campo profesional que todavía tiene dudas, que tiene sólo cuarenta años de historia formalmente diagnosticando a pacientes como limítrofes, sumando el hecho de que la experiencia de las personas con la condición es cambiante, conseguir una entendimiento preciso sobre lo que *es* el BPD se puede sentir como un área gris. Veamos ahora los indicadores actuales como se indica en la publicación más reciente del DSM-IV. El DSM siempre está bajo revisión por parte de un equipo de expertos que continúan buscando calificaciones basadas en evidencias para diferentes trastornos de salud mental. Asegúrese de revisar la última publicación del DSM ya que esta iteración fue publicada en 2013, y se actualizará pronto. A continuación, vamos a traducir cómo estos identificadores pueden verse en experiencias de la vida real. Los siguientes criterios son directamente procedentes de la DSM-IV (Asociación Americana de Psiquiatría, 2013):

El BPD es un patrón persistente de inestabilidad en las relaciones interpersonales, la auto-imagen, y la emoción, así como una marcada impulsividad al comienzo de la edad adulta y está presente en una variedad de contextos, **como lo indican cinco (o más)** de los siguientes:

(1) Esfuerzos frenéticos para evitar el abandono real o imaginado

(2) Un patrón de relaciones interpersonales inestables e intensas caracterizadas por extremos, entre idealización y devaluación (también conocido como "*splitting* o división")

(3) Perturbación de la identidad: Auto-imagen o sentido de sí mismo notablemente o persistentemente inestable

(4) Comportamientos impulsivos en al menos dos áreas que son potencialmente auto-dañinos (por ejemplo, gastos, sexo, abuso de sustancias, conducción imprudente, atracones)

(5) Comportamientos, gestos o amenazas suicidas recurrentes, o comportamiento autodestructivo

11

(6) Inestabilidad emocional en reacción a los hechos del día-a-día (por ejemplo, intensos episodios de tristeza, irritabilidad o ansiedad que suelen durar un par de horas y sólo rara vez más de un par de días)

(7) Sentimientos de vacío crónicos

(8) Ira intensa, inapropiada o dificultades para controlar la ira (p. ej., manifestaciones frecuentes de mal genio, furia constantes, peleas físicas recurrentes)

(9) Ideación paranoide transitoria, relacionada con el estrés o síntomas disociativos graves

Una de las conclusiones clave de lo anterior es el hecho de que, para cada categoría, un patrón de comportamiento dominante o continuo debe ser verdadero para el individuo limítrofe. Un episodio agudo de estrés intenso por abandono causado por la ruptura de una relación es razonable; un patrón relacional de más de una década de evitar relaciones íntimas y estables, no lo es.

El término dominante debe ser entendido como la inhibición de logros satisfactorios o del avance hacia las metas de vida. Por ejemplo, una dominante sensación de vacío se manifiesta como sentimientos de baja autoestima crónicos. Esto podría manifestarse en la forma de pérdida de oportunidades de trabajo, relaciones abusivas, falta de higiene, baja ambición, amistades distantes o poco frecuentes, o largos períodos de aburrimiento sin alivio. "Comportamientos impulsivos en al menos dos áreas que son potencialmente auto-dañinos (por ejemplo, gastos, sexo, abuso de sustancias, conducción imprudente, atracones)," puede aparecer en un espectro. Los gastos impulsivos podrían ser cosas como una tarjeta de crédito recargada o una gran compra no esencial, como un coche nuevo, o podrían ser lujos frecuentes en Amazon hasta el punto de nunca tener ahorros. El indicador clave es si el comportamiento está interrumpiendo o perjudicando su calidad de vida. Si una de sus metas, o la de uno de los miembros de su familia, es ser dueño de una casa, pero en lugar de eso, usted desembolsa dinero perpetuamente en compras compulsivas o salidas de noche, esto podría ser considerado como un comportamiento perjudicial ya que le impide alcanzar una meta en la vida. Tenga en cuenta, cinco de los nueve identificadores deben cumplirse simultáneamente para evaluar el comportamiento limítrofe.

Ahora, aquellos cercanos a la experiencia limítrofe pueden verse reflejados en las categorías anteriores. Esto es normal. Un niño de un padre con BPD va a crecer dentro de un ambiente que establece los anteriores patrones de comportamiento como normales. Un niño que con frecuencia es testigo de las ideaciones suicidas de sus padres, aprenderá, de manera consciente o inconscientemente, que este patrón es normal o de esperarse, como reacción a los factores estresantes de la vida. Un cónyuge de una persona con BPD puede llegar a esperar períodos de ira intensos e irracionales, hasta el punto en que el cónyuge cree que sus acciones, ya sean menores o calculadas, son dignas de una respuesta inadecuada.

Es común que aquellos que están asociados estrechamente con el trastorno, comiencen a identificarse a sí mismos como con tendencias limítrofes. En primer lugar, este libro no está diseñado para ser una herramienta clínica y lo que se describe aquí no intenta servir como reemplazo para el tratamiento profesional adecuado. Incluso si, después de leer los síntomas mencionados anteriormente, usted tiene la revelación de que el comportamiento de un ser querido, o el de su propia persona, encaja en cinco o más de las categorías, no asuma esto como un diagnóstico. Lo que es útil es reflexionar sobre las categorías anteriores y comenzar a ver cómo los patrones, suyos o de

13

otros, pueden haberse manifestado en su vida. Los pasos para obtener un diagnóstico significativo se abordarán antes de que termine este capítulo.

El Trastorno Limítrofe de la Personalidad es un espectro y cada caso tendrá un aspecto único para cada individuo. Cada categoría de comportamiento se puede manifestar en diversos grados y en direcciones contrastantes. La inestabilidad emocional en reacción a los hechos del día-a-día (por ejemplo, intensos episodios de tristeza, irritabilidad o ansiedad que suelen durar un par de horas y sólo rara vez más de un par de días) puede verse como una noche de llanto después de ver un comercial de TV emocionalmente cargado, o puede ser un oleaje de ira, golpear puertas, o escribir correos electrónicos reaccionarios, alimentados de odio, después de un conflicto verbal con un miembro de la familia. Mientras que el segundo ejemplo parece tener mayor causa justa para la reacción, la principal preocupación es la pertinencia y la proporción de la reacción.

Categorías tales como, "Perturbación de la Identidad: Auto-imagen o sentido de sí mismo notable o persistentemente inestable," son más difíciles de cuantificar que las categorías orientadas externamente, como el comportamiento impulsivo y relaciones inestables. Lo que es bueno recordar es que estas categorías llevan a patrones que se pueden observar. Si estas categorías suenan a verdad a primera vista, entonces confíe en su instinto. Sin embargo, al leer y aprender más acerca de los orígenes del trastorno limítrofe en el siguiente capítulo, las razones de estos patrones se volverán más claros.

Sin importar el patrón único de comportamiento del limítrofe, ya sea que incluya cinco o nueve de las categorías identificadas, lo que se hace evidente es el cambio en la realidad, para la víctima y para las personas en relación con el limítrofe. La pareja de un individuo con personalidad limítrofe puede caer en una dinámica de "tira y encoge" con alguien que está constantemente sujeto a los "extremos entre la idealización y la devaluación (también conocido como "*splitting* o división")." Este tira y encoge entre tratos opuestos puede ser internalizado como culpa de la pareja, lo que puede llevarlos a empezar a devaluarse a sí mismos hasta que la fase de idealización se inicia otra vez. El comportamiento limítrofe opera dentro de su propia esfera de lógica convincente. Se puede sentir un poco como un cruel truco de magia cuando un miembro de la familia le ama un día, le desprecia al siguiente y, a continuación, le hace una taza de té con un abrazo al tercer día. La realidad se vuelve caótica y el sentido de identidad y de verdad se distorsionan para todas las partes involucradas.

El objetivo principal de todos los síntomas que desarrolla un paciente de personalidad limítrofe es evitar el abandono. Esta es la razón por la que los patrones de comportamiento serán específicos para cada persona y situación. Por ejemplo, "esfuerzos frenéticos para evitar el abandono real o imaginado," pueden verse claramente en circunstancias donde el abandono es imaginado. Los ritos de pasaje e hitos de la vida son eventos en los que los pacientes limítrofes pueden desencadenarse. Un hijo o una hija que se case y "deje" la familia puede incitar a un padre limítrofe a amenazar con nunca hablarle a su hijo de nuevo como intento desesperado para evitar aceptar que ya no es un niño. Un marido que acepta un trabajo en el que tenga que viajar fuera de la ciudad un par de veces al mes puede ser recibido por una esposa limítrofe infiel. Esta sería una respuesta inapropiada y frenética para incitar celos o venganza por su percepción de "abandono". Incluso en el difícil, pero normal caso de experimentar la muerte de un familiar, esto puede ser percibido por el individuo limítrofe como un abandono y puede desencadenar una rabieta física o emocional que es inapropiada para su duelo.

Aquellos que viven dentro de esta dinámica pueden sentirse sorprendidos, confundidos, frustrados, impotentes, culpables, avergonzados, enojados, y pueden disociarse (o emocionalmente) separarse de su entorno inmediato. De esta manera, el BPD no existe en un vacío. Mientras que los trastornos más tradicionales como la depresión, la ansiedad, e incluso el trastorno bipolar ciertamente van a crear discordia dentro de las relaciones cercanas, el Trastorno Limítrofe de la Personalidad irá tras esas relaciones específicamente como su objetivo. Puede ser doloroso, molesto, y, en el peor de los casos, completamente destructivo.

Si usted actualmente está lidiando con lo que sospecha que es comportamiento limítrofe, o su propia condición, recuerde: hay ayuda y alivio.

El primer paso es encontrar un profesional de la salud mental. Hay profesionales de la salud que están capacitados para el tratamiento del BPD. Es importante preguntar esto al acercarse a un terapeuta o psiquiatra por primera vez. Si usted está actualmente trabajando con un terapeuta de salud mental o un médico, es apropiado preguntar si están entrenados en la evaluación y tratamiento del BPD, y si no, si saben de médicos o terapeutas locales que sí lo estén. Si sólo tiene acceso a un médico de cabecera (Médico General o Médico de Familia), pídale si puede recomendarle a un terapeuta o psiquiatra. Esto puede ser intimidante para algunos, pero recuerde que todos los profesionales de la salud están allí para *ayudarle*, y usted no debe sentir la más mínima culpa o vergüenza si necesita encontrar lo que mejor se adapte a sus necesidades.

Sepa que si encuentra cualquier resistencia por parte de un psiquiatra que le da la espalda a la ocasión de considerar las preocupaciones de la personalidad limítrofe, entonces esta es una bandera roja de que, posiblemente, esta persona no es el mejor sistema de ayuda para usted o su ser querido. Es raro, pero dentro del campo de la medicina, puede haber resistencia al cambio de tratamientos o líneas de pensamiento debido a creencias obsoletas. La respuesta adecuada de su médico siempre es una de apoyo, de curiosidad por sus preocupaciones, y una explicación de sus razonamientos. Usted tiene derecho al respeto en su propio camino de cuidado de la salud.

Conseguir un diagnóstico significativo a menudo puede ser un camino de ensayo y error. No es raro que un individuo con BPD reciba un diagnóstico de un desorden superpuesto, co-ocurrente, o incorrecto, que todavía proporcione algo de alivio. Recuerde que cualquier paso hacia la salud es un buen paso. Mientras que la idea de recibir un diagnóstico de BPD de un miembro de la familia renuente puede resultar abrumador, y puede llegar a ser algo demasiado grande que el familiar pueda aceptar, cualquier paso hacia la claridad, la iluminación y la ayuda son enormes y deben ser celebrados.

Si usted siente que está exhibiendo tendencias limítrofes y se encuentra con otras recomendaciones (EMDR, por sus siglas en inglés: Reprocesamiento y Desensibilización de los Movimientos Oculares, es un tratamiento común para los que sufren de PTSD), no se sienta presionado a un diagnóstico oficial. Tome cada paso de su proceso de curación con conciencia y tome nota de lo que ayuda y lo que no. El limítrofe es un trastorno que se desarrolla a lo largo de décadas y lo más probable es que tardó años durante la infancia para desarrollarse. No hay ninguna solución rápida o recuperación de la noche a la mañana.

Es útil que ajuste su mente como un paciente después de un grave accidente automovilístico, donde ha perdido la capacidad de caminar. Aprender a caminar de nuevo toma tiempo y será frustrante. Es doblemente frustrante tener que volver a aprender una habilidad que debe estar aprendida después de la infancia. Sin embargo, la vida está llena de obstáculos y vale la pena el esfuerzo para darse una segunda oportunidad en una vida sana y estable. La recuperación del trastorno limítrofe va a tomar tiempo, pero progresará con cada esfuerzo para recuperarse.

Si no consigue respuestas después de preguntar a los terapeutas y psiquiatras si tienen experiencia con el BPD, puede ponerse en contacto también con su seguro de salud y pedir una lista de profesionales con experiencia en BPD dentro de su plan. Si no tiene seguro, usted puede calificar para ayudas gratuitas o subvencionadas del departamento de salud mental y/o de los servicios sociales su estado o provincia. Las universidades son a menudo una fuente de atención a la salud de bajo costo y de calidad, ya que sus graduados y estudiantes de doctorado ofrecen tasas reducidas de tratamiento a cambio de experiencia. El detalle más importante es encontrar ayuda que esté bien versada en problemas de trastorno de la personalidad. Usted no necesita ser un experto, pero una de las personas más fundamentales en su red de apoyo sí debe serlo.

Una gran parte del tratamiento serán actividades y ejercicios de auto-ayuda. Una buena manera de empezar este camino es exactamente lo que está haciendo ahora: estar bien informado. Al final de este libro, encontrará una lista de recomendaciones de lectura. Sea curioso y felicítese a sí mismo por ser un participante comprometido con su salud mental. Usted estará en mejores condiciones de encontrar un profesional de la salud mental para satisfacer sus necesidades, mientras se vuelva más consciente de lo que es verdad para usted. La verdad es esclarecedora. Deje que ésta sea su guía.

Una vez que haya hecho su primera cita o una cita específicamente para tratar sus preocupaciones con respecto al BPD, entonces, puede ser útil saber qué va a ocurrir después. Su terapeuta o psiquiatra va a proceder con una evaluación que puede ser de varias formas y tener, o no, varios componentes. En primer lugar, su médico o consejero puede pedir que responda a una serie de preguntas personales, como una entrevista, para empezar a desarrollar un patrón de comportamiento general. Sea tan honesto y claro como pueda en sus respuestas y no se preocupe si se "ajusta al perfil" o no. Trate de ofrecer ejemplos como se le ocurran, o anécdotas que le hayan causado preocupación a través de los años. Recuerde que su valor como persona, o su bondad, no está determinados por estas respuestas o diagnóstico. Son sólo preguntas e informes de comportamiento. El comportamiento es aprendido, y con gran esfuerzo, puede ser cambiado.

También puede que le pidan llenar un cuestionario escrito, que refleje sus preguntas o entre en más detalles acerca de sus circunstancias de vida. No se preocupe por ser juzgado o parecer "raro". Mientras más honestas y precisas sus respuestas, mejor será la ayuda que pueda recibir. Un componente que puede ser incluido en su evaluación, sólo con su permiso, es una entrevista con seres queridos o miembros de su familia para obtener una mayor comprensión de la forma en que sus síntomas le están afectando. Si tiene preocupaciones por sus respuestas, debe decírselas a su médico. Si usted siente que pueden dar una respuesta incorrecta, entonces debe compartir esto. En última instancia, no se preocupe por sus respuestas. La totalidad de sus síntomas estará basado en su experiencia y se mantendrá confidencial con su profesional de la salud.

Lo que puede ser considerado como un alivio o más frustración, dependiendo de cómo en la actualidad se sienten acerca de su situación, es que un diagnóstico puede no llegar rápidamente. Algunos profesionales de la salud prefieren trabajar con los clientes por, al menos, un año o más antes de diagnosticar a un paciente como limítrofe. Esto está bien, sin embargo, es frustrante. A menudo, todo lo que queremos es una respuesta a lo que ha estado causándonos tanto dolor. Sin embargo, la buena noticia es que el tratamiento no se inicia con un diagnóstico.

El patrón de conductas inapropiadas, relaciones inestables, y una relación no saludables consigo mismo serán elementos de tratamiento y discusión antes de un diagnóstico limítrofe. Esto es cierto ya sea que le preocupe tener BPD o si es un ser querido que esté lidiando con los efectos del comportamiento limítrofe. Encontrar un profesional de la salud capacitado es el primer paso más poderoso en el camino del limítrofe, y su trabajo de apoyo a menudo puede abordar los problemas de resentimiento, dolor, ira, remordimiento, y disociación *antes y con el fin de* llevar a un paciente a un lugar donde esté listo para trabajar con los temas más profundos de la vida limítrofe. Aunque puede ser tentador querer una relación directa de problema-solución entre el tratamiento y el trastorno, la recuperación del trastorno limítrofe es un camino tortuoso, con una rica recompensa, e incluso periodos de aparente regresión pueden ofrecer una clave para abrir la siguiente puerta hacia el progreso.

El juicio final para el individuo limítrofe y aquellos que viven en su paso es considerar profundamente, "*¿Cómo quiero que sea mi relación con la vida y con mis seres queridos?*" El BPD es el intruso a estos objetivos. La conducta del BPD establece un camino destructivo y habitual de eliminar la calidad y la estabilidad de las relaciones con los demás, con la vida y con sí mismo.

Un individuo limítrofe no será capaz de estabilizar un sentido de sí mismo y por lo tanto creará una cosmovisión en blanco y negro, donde los amigos son idealizados un día y vilipendiados el siguiente. Su visión del mundo les dirá que sus objetivos son "ahora o nunca" y que la gente "*siempre* les están haciendo daño" o "*nunca* los entienden." Hay una falsa sensación de seguridad que los limítrofes obtienen controlando a los demás a través de su comportamiento. Nunca hay una zona gris o un punto medio desde su punto de vista. El mundo los apoya*completamente* o los abandona *totalmente*. Tomarán medidas desesperadas para evitar este abandono percibido.

Las víctimas de comportamiento limítrofe pueden sentirse ahogadas, confundidas con su propia identidad, dónde empiezan y terminan, y qué pueden hacer, si hay algo, para detener el dolor de su ser querido. Lo que el tratamiento adecuado comenzará a revelar es que el yo es fluido y flexible, diseñado para satisfacer diferentes necesidades a diferentes horas, y no tiene que ser un esclavo de la falsa idea de que todo el mundo lo va a dejar. Es un trabajo heroico sumergirse en la raíz de las causas del comportamiento limítrofe. En el siguiente capítulo, veremos el origen de este trastorno que afecta a casi el 2% de la población, y al sinnúmero que rodea su alcance. Hay esperanza y usted puede mejorar. Muchas de las personas con BPD han logrado vivir vidas exitosas, saludables y satisfactorias.

Para aquellos que aman a alguien con tendencias limítrofes, hay una gran esperanza para su viaje también. La comprensión del BPD como una condición que no es culpa suya, ni de su ser querido, es de vital importancia. Para llegar a este entendimiento, es necesario un ajuste de cuentas para las pruebas y el dolor que ha experimentado. También hay sanación en el desarrollo de compasión por los orígenes del BPD. Cualquier persona que ha sido conmovida por una experiencia con BPD, es seguro decir que usted ya tiene una gran capacidad para la empatía y las herramientas personales necesarias para volver a encaminar su vida. No importa cuan difícil sea el camino, sepa que no está solo, y que hay una luz al final del túnel.

Capítulo 2: La Intersección entre la Biología y las Heridas No Cicatrizadas: Causas del BPD

"Su biografía se convierte en su biología. Esta biografía incluye la totalidad de sus decisiones, las cosas con las que usted alimenta su cuerpo, sus pensamientos, sus acciones, su comida – las cosas con las que usted alimenta su vida." — Caroline Myss

Debido a la relativamente reciente determinación del Trastorno Limítrofe de la Personalidad como condición clínica con su calificación DSM en 1980, la explicación del cómo y el por qué de este trastorno siguen siendo tema de debate. Simplemente no ha habido tiempo suficiente para que la investigación señale un solo culpable. La investigación basada en la evidencia que está disponible sobre el BPD no muestra de manera concluyente que la condición sea resultado de factores puramente bioquímicos ni el resultado aislado de influencias externas. Lo que está claro, en este punto, es que el BPD es un trastorno dinámico y es muy poco probable que su desarrollo sea puramente debido a la naturaleza o puramente debido a la crianza.

La susceptibilidad genética ha sido aceptada como un factor clave por algunos expertos. Sin embargo, cuando se habla del BPD, la discusión es acerca de una personalidad desordenada. Puede ser conveniente pensar en los complicados mecanismos de la personalidad arraigados dentro de la biología. De hecho, esta premisa es en la que la mayoría de la medicina Occidental está fundada. Por desgracia, la expresión de la personalidad de un individuo, en el momento que se escribió este texto, no ha sido identificada en el genoma humano. La susceptibilidad que los psicólogos clínicos y los investigadores han identificado cuando se trata de BPD, son los factores genéticos que hacen que una persona sea igualmente susceptible a la depresión y la ansiedad. Es lógico, entonces, preguntar, "Si una persona es biológicamente susceptible a la depresión, entonces, ¿cuáles son los factores que determinan que una persona caiga en la, sin duda, más difícil categoría del trastorno de la personalidad?"

Aquí es donde nos separamos de mirar únicamente a la biología por una respuesta. De hecho, ya que estamos tratando con personalidad, vamos a ver los componentes psicológicos en primer lugar, para encontrar una relación del impacto del trastorno sobre la bioquímica de un individuo. La personalidad, al igual que nuestros cuerpos, tiene una estructura distintiva. La personalidad, al igual que nuestra biología, necesita fuentes de energía específicas y apoyo para crecer. Lo que es más importante, nuestra personalidad, así como nuestro ser físico, desea y requiere de homeostasis, un equilibrio de sus partes interdependientes.

Puede ser difícil imaginar los elementos fundamentales que tiene la personalidad. Si tuviese que describirse a si mismo, ¿qué diría? ¿Que es amable, curioso, y energético? ¿Que es serio, distante, y leal? ¿Existe un elemento serio/tonto en la estructura de la personalidad que puede prenderse o apagarse? ¿Siente que su personalidad es inevitable? ¿Siente que puede cambiarla si quisiera? ¿Qué es exactamente una personalidad, para empezar?

Hay un mapa psicológico para el desarrollo de la personalidad. Como con la mayoría de los quehaceres psicológicos, hay varias escuelas de pensamiento acerca de cuán preciso es este mapa, y dónde yacen todas sus coordenadas. Carl Jung, el eminente psicólogo de la mitad del siglo 20, avanzó la obra de Freud de la id, ego y superego para desarrollar una teoría de la personalidad que se extiende durante toda la vida. Jung se centra en la personalidad como la *psique*, la totalidad de la conciencia del humano: los pensamientos, sentimientos, conducta y el inconsciente. Para Jung, la personalidad era un logro y no una experiencia innata de un individuo. Alcanzar una personalidad existosa es el trabajo de *toda una vida*. Jung escribió que la personalidad, en su forma más completa, era:

"La realización suprema de la idiosincrasia innata de un ser vivo, es un acto de alto valor arrojado en la cara de la vida, la afirmación absoluta de todo lo que constituye al individuo, la adaptación más exitosa a las condiciones universales de la existencia, junto con la mayor libertad posible para la auto-determinación".

La estructura de la personalidad, de acuerdo a Jung, consistía de una configuración con un piso superior y un piso inferior. El piso superior contiene el ego, que es consciente de pensamientos, sentimientos y comportamientos. El inferior es el inconsciente. Esta es el área de la psique que está llena de imágenes arquetípicas y patrones, impulsos, deseos y temores. El ego actúa como guardia de seguridad entre estos dos reinos. Si un deseo, como por ejemplo, una intensa nostalgia romántica por una pareja, se deja en el piso de arriba por el ego, entonces este deseo se convierte en un pensamiento consciente y en un objetivo. Si se deja en el inconsciente, el deseo puede afectar el comportamiento del individuo, pero se mantendrá desconocido. El objetivo, según Jung, es que el ego logre un sentido de *continuidad* e *identidad* para la psique de un individuo.

Digamos, por ejemplo, Marie, una mujer soltera a mediados de sus treinta años, quiere tener un hijo. Si el ego de Marie voluntariamente le permite hacer consciente este deseo, ella es capaz de actuar de manera constructiva para lograr su objetivo.

Si Marie siempre se ha considerado a sí misma como ambiciosa, emprendedora, inteligente y abierta a los cambios, entonces existe *continuidad* en su ámbito psíquico acerca de sí misma. "Bueno, yo siempre he ido con la corriente y he perseguido mis intereses. Tal vez empezaré a investigar acerca de congelar mis óvulos o la adopción si no encuentro una pareja el próximo año." Esta, a pesar de los sentimientos que puedan surgir en Marie, sería una respuesta razonable.

Sin embargo, si Marie siempre ha considerado que le da vergüenza pedir ayuda, que se siente culpable por no cumplir con las expectativas de la sociedad, y resiente lo que no tiene, su ego se puede convertir en un guardia y revisar cualquier reconocimiento consciente sobre su más profundo deseo de tener un hijo. Ella puede realizar grandes esfuerzos para mantener esta realidad fuera de su mente. En lugar de encontrar un camino constructivo hacia sus objetivos, ella puede descargar sus frustraciones en los demás, en sí misma, o encontrar formas de "silenciar" el ruido. El problema radica en el hecho de que, así como es una ley de la física que la energía nunca se destruye, sólo se transforma, la energía psíquica tampoco desaparecerá a petición.

Esta delicada danza del yo es una expresión de la personalidad. La personalidad es la relación que tenemos con nosotros mismos como con el mundo exterior. Cuando la construcción de una personalidad sana es interrumpida o, en el peor de los casos, prohibida, entonces puede resultar un trastorno de la personalidad.

Un Giro Equivocado para Sobrevivir

Sin importar el mapa psicológico en consideración, el resultado más importante en el desarrollo de la personalidad es que una persona sea capaz de relacionarse e interpretar correctamente el mundo que le rodea. Los psicólogos definen una personalidad sana como aquella que tiene *flexibilidad*. No, no es una personalidad que pueda hacer yoga. La flexibilidad en la personalidad significa que las reacciones concuerdan con las circunstancias externas. Supongamos que usted estaba en un salón de clases y un olor a humo intenso empezó a flotar en la habitación. Poco después, una alarma de incendio empezó a sonar. Usted puede saltar de su escritorio, gritarle a los demás que salgan rápidamente, y darse prisa para salir. Esto sería apropiado. Ahora imagínese esta respuesta estando en una tienda de comestibles cuando se le cae una lata de duraznos. Hace un ruido fuerte, pero en lugar de pedirle ayuda a la empleada de la tienda, usted salta, le grita a los demás, y corre hacia la salida. Esto puede parecer cómico porque la reacción no se ajusta a la proporción del evento.

Las personas con trastornos de personalidad tienen reacciones desproporcionadas a los acontecimientos a su alrededor. Una hija llama a su padre, quien tiene BPD. Ella le oye coger el teléfono y dice, "Hola papá, ¿cómo estás? Quería llamarte porque, lo siento mucho, pero no puedo ir hoy como dije que lo haría". Su padre se transforma de momento y pasa de sonar agradable a estallar, "¿Cómo te atreves? ¡NUNCA haces lo que dices que vas a hacer!" Mientras que puede estar decepcionado, y no sería poco razonable expresar esa decepción, la dinámica de cambios repentinos resalta cómo, desde su perspectiva, un pequeño desaire se registra como una alarma contra incendios dentro de él.

Crear conciencia de cómo experimenta su realidad es un ejercicio meditativo y útil. Tome un momento para explorar esto ahora para entender mejor el fundamento de un trastorno de la personalidad. Piense por un momento e imagine un espejo. Si usted fuera a sostener este espejo frente a la habitación en la que está sentado, ¿qué le reflejaría? Con suerte, usted tendría imágenes de un ambiente tranquilo, acogedor, o tal vez está leyendo esto en una ubicación más agitada y, entonces, sus impresiones se ajustarían a él. Ahora, imagine sostener el espejo frente a un amigo cercano. ¿Qué ve en él? No sólo sus atributos físicos, pero ¿cómo le hace sentir? Con suerte, esto es una lista de sentimientos agradables, cálidos. Si hay frustración o sentimientos complicados con respecto a este amigo, en una escala del 1 al 10, ¿qué tan enojado está con él? ¿Qué tan decepcionado? ¿Puede sentarse solo con este sentimiento? Es decir, si usted siente ira o dolor, ¿puede también reconocer que hay otros sentimientos que puede sentir, y que esto pasará?

Ahora, imagine que, mientras era muy pequeño sufrió una gran pérdida. Tal vez esto *sí* le pasó. No explore la sensación del acontecimiento, sino sólo reconozca cuán profundo puede ser perder a un padre, un hermano o una mascota querida a una temprana edad. Este evento podría, comprensiblemente, ajustar el reflejo del espejo a los acontecimientos actuales. Ahora, cuando vea a otro perro, su espejo mental reflejaría de nuevo la impresión de su cachorro juguetón y bueno, y se vería afectado por estos recuerdos. Este cariño al recuerdo, o incluso agridulce tristeza, es apropiada y es parte de la vida.

Para aquellos con trastornos de la personalidad, sus espejos fueron afectados de tal manera en la infancia temprana que, cuando intentan sostener un espejo frente a sus relaciones de adultos, no son conscientes de que sus espejos no sólo son incorrectos, sino que además están deformados. Están tan deformados que están distorsionando todo en una amenaza. Además, ni siquiera sienten que están sosteniendo el espejo. Ellos sienten que son el espejo deformado. Para el individuo limítrofe, es muy difícil separar la realidad de lo que ellos sienten que son. En una habitación donde hay tensión, como la sala de espera de un hospital, un individuo BPD puede ser incapaz de mantenerse calmado y centrado. Puede sentirse paranoico y perdido, o culpable y avergonzado cuando simplemente están esperando pacientemente con todos los demás.

Las causas de esta deformación del espejo mental han sido objeto de debate por investigadores psicológicos. La evidencia demuestra que los incidentes graves de abuso sexual, abuso físico o abuso emocional pueden deformar el espejo. Sorprendentemente, hay millones de individuos que crecen de cara a estos traumas que no se convierten en personalidades borderline. La realidad es que no hay una causa y efecto directos. El comportamiento precipitado al vivir dentro de esta forma distorsionada de ver el mundo, es fácilmente identificado como destructivo, pero también debe ser reconocido como de adaptación. Si no fuera por esta visión deformada, la personalidad se hubiera desarrollado con claridad. Lo que es importante de comprender sobre el nacimiento del BPD es que hubo una grave interrupción para el individuo reflejar el mundo con claridad.

Traumas Pasados como Realidad Presente

Las semillas de los trastornos de personalidad son plantadas durante traumas en la niñez. Sin importar el abuso o el evento que interrumpió el desarrollo saludable de la personalidad, el asunto en cuestión es esta experiencia de trauma. Los individuos con BPD normalmente comparten una historia de trauma temprano, aunque los detalles del mismo varían según grado y categoría. Puede que sólo esté familiarizado con la palabra por haer oído hablar de Trastorno de Estrés Postraumático (PTSD, por sus siglas en inglés), el cual no fue registrado como un diagnóstico oficial hasta 1980. El Trauma como un término psicológico puede tener graves connotaciones para usted y hacer que le sea fácil pensar, "el trauma no es algo que me ha pasado" o "eso es algo que se experimenta sólo en la guerra o en situaciones de violencia física." Puede tomar algo de trabajo personal reconocer que el trauma es una experiencia muy común en la vida y que un evento traumático puede suceder en las circunstancias más mundanas.

Raphael, ahora en sus 30 años, un escritor talentoso, tomó un curso de dramaturgia en su primer año en la universidad. El profesor era muy querido entre los estudiantes y su respeto era codiciado. Rafael trabajó más duro en sus guiones que para cualquier otro curso, e hizo el esfuerzo adicional de trabajar sus piezas fuera de clase con sus amigos para mejorar su escritura. El profesor, al final de la revisión del año, le dijo a Raphael sin rodeos que su trabajo era de segunda clase y que encontrara un interés diferente para seguir. Los próximos diez años estuvo bloqueado para escribir, hasta que reconoció lo potentes que habían sido las palabras de su profesor en sus esfuerzos.

El ejemplo anterior fue traumático. Mientras que no tuvo que ver con sangre o ni con violación romántico, fue un evento que afectó negativamente el comportamiento de Raphael, y bloqueó su deseo inconsciente de ser un escritor creativo. Cualquier evento que impida lo que es como persona es un evento traumático. Es claro cuando un accidente de coche se lleva una vida, pero es menos claro cuando una interacción interpersonal se lleva una parte de la personalidad.

Esta es la razón por la que la gama de experiencias traumáticas de la infancia puede variar a la hora de considerar los trastornos de la personalidad. Podría ser tan claro como la persistencia del abuso físico de un padre, o puede ser tan sutil como el abandono silencioso de una madre cuando el niño está molesto. Podría ser la muerte de un padre que nunca se habló de manera honesta, sino que más bien quedó como un secreto de familia sin ser discutido. Podría ser un hermano alcohólico cuyas mentiras generalizadas a un hermano menor cambian el sentido de la verdad y la confianza de ese niño. Podría ser cualquier cosa que interrumpe el sentido de la realidad de un niño, su sentido de sí mismo, de seguridad, o de validación. Cualquier cosa bajo este paraguas debe ser etiquetada como traumática y tratada como un trauma.

Otras historias biográficas de acoso escolar, abandono o pérdida podrían estar dentro del perfil del BPD. Podría ser la incertidumbre de una infancia en cuidado de acogida. Podría ser la confusión de crecer en dos hogares donde uno de los padres es atento y amoroso, y el otro es negligente y ensimismado. Podría ser un hermano mayor que siempre le dijo que nunca podría servir para nada. El o los sucesos traumáticos, aunque es útil saberlos personalmente y compartirlos con un profesional de la salud con el fin de comenzar el tratamiento, son menos importantes específicamente para la comprensión del origen del BPD.

El tema principal del trauma es la transgresión y el abandono. La transgresión es invadir el sentido de sí mismo y de privacidad de una persona, poniendo en peligro su seguridad, confundiendo su sentido de la individualidad o de seguridad, o infligiendo un abuso. El abandono es absoluta ausencia (un padre que nunca viene a casa los fines de semana debido a un horario de trabajo excesivo) o la ausencia de presencia (un padre que siempre está en casa, pero es mental y emocionalmente ausente debido al uso de drogas). La transgresión y el abandono son dos razas de traumas que afectan directamente a quién es el niño como persona. Ambos son mensajes de que la independencia del niño no es digna de respeto, valor, o atención. El derecho de nacimiento del hijo de la alegría, la libertad emocional y la autoestima son sacrificados por espectros traumáticos de abandono y transgresiones. El mensaje del padre la negligente o transgresor a sus hijos es "quien eres no es tan importante como lo que yo necesito." Ese niño crece confundido acerca de lo que necesitan, quiénes son, si sus sentimientos son adecuados, y si pueden confiar en que la persona que aman no los lastimará. Estos elementos *fundamentales* de la personalidad están en peligro. Este es el caldo de cultivo para los trastornos de la personalidad.

El trauma, como término médico, se define como una lesión de tal gravedad que se requiere atención médica inmediata. Es urgente. El trauma invisible en nuestra vida personal para el yo y para la psique, mientras que es urgente, normalmente es enterrado. Esto es a menudo una cuestión de supervivencia. Si, como víctima de abuso, se encontró a sí mismo evadiendo el verdadero dolor, ira, tristeza o dolor de ese evento hasta años o incluso décadas más tarde, esto habla del poder de su resiliencia interior. A menudo, las víctimas de trauma tienen que compartimentalizar sus reacciones honestas hasta que estén en un entorno más seguro o estable. Especialmente los niños de incidentes traumáticos probablemente no tendrán los recursos o la capacidad para procesar el trauma. Peor aún, si el guardián del niño es el abusador, entonces el niño debe sobrevivir renunciando a su experiencia de trauma sólo para vivir. En la esfera psicológica, el trauma psíquico a menudo puede tomar años antes de que se le pueda dar atención.

Crecer en un ambiente que estimule el trastorno limítrofe va a exigir que este trauma nunca sea tratado. Los adultos que tienen BPD o crecieron con un ser querido limítrofe reconocerán esta verdad. Preguntarlte a un padre limítrofe, "¿por qué no me dejas vivir mi vida? Siento que nunca me puedes dejar ir," será respondido con pánico, rabia, o alguna reacción desadaptada.

El trauma no procesado es la fuente de la personalidad desordenada. El individuo con BPD nunca creció con una estructura de personalidad que permitiera una relación flexible entre la realidad y la vida interior. Un individuo con BPD atravesará una ruptura y no la experimentará como el fin de un romance, sino como el fin de su mundo. Su respuesta puede ser la ideación suicida, o enviarle a su ex-pareja correos electrónicos persistentemente en un ataque de ira. Es porque el trauma sin procesar evita que el individuo limítrofe esté bien dentro de sí mismo.

Los traumas de la infancia interrumpen la habilidad del niño de confiar en su realidad, en sus sentimientos como correctos, y en su mundo como optimista y bueno. Ese niño, ahora un adulto, continuará reaccionando ante el mundo como si éste se fuera a derrumbar si no lo sujeta. Es por esto que el BPD es una disposición muy confusa para las víctimas y sus seres queridos. El individuo con BPD está haciendo lo mejor que puede, con lo que sabe, para repetir los límites que aprendieron de niños. Por desgracia, estos límites eran incorrectos y les causaron dolor. Los seres queridos de los BPD verán lo mucho que sus parejas están sufriendo, pero serán incapaces de ayudar a sanar el trauma histórico. El ciclo continúa hasta que una intervención real y profesional se pueda llevar a cabo.

El trauma, no importa cuán distante, se mantiene hasta que se cura. Jung afirmaba que todas las experiencias son recordadas y descargadas en el inconsciente. Nada se pierde. Si hay un trauma de cuando tenía seis meses de edad, antes de recordar tener su primer pensamiento, éste aún se encuentra, presuntamente, en lo más profundo. Esto puede sonar aterrador o como una profecía de un cuento de hadas, pero la realidad es que nuestro pasado construye nuestra personalidad de hoy. El objetivo es un sentido de sí mismo sano, integrado, flexible que puede adaptarse a las situaciones según sea necesario. El trauma no procesado puede descarrilar este desarrollo de la personalidad. El individuo limítrofe está atrapado dentro de una vieja realidad, lleno de amenazas a su existencia, y está luchando contra situaciones en el presente como si fueran amenazas del pasado.

¿A Quién Afecta el BPD?

Al principio del estudio del BPD, se asumía que la causa raíz era principalmente el abuso sexual experimentado de niño. Por esta razón, existía una gran mayoría de mujeres diagnosticadas con BPD en comparación con los hombres, pues es un trastorno más altamente reportado en niñas que en niños. Se sostuvo también que las mujeres tienen una mayor tasa diagnostica de BPD, debido a la socialización de las mujeres a negar y anular sus sentimientos. Esto sigue siendo especulativo. También puede ser discutido que los hombres son a menudo criados para nunca buscar ayuda por aparente "debilidad" emocional, y esta es una de las razones por las que los informes de mujeres limítrofes son mayores. Estas notas sobre la disparidad de género del diagnóstico de BPD señalan cuánto de la enfermedad es influenciado por las normas de la sociedad y cómo el individuo, hombre o mujer, se relaciona con el mundo exterior.

Dicho esto, con base en la investigación, es más probable que el individuo limítrofe experimente un periodo de abuso extendido en lugar de un evento grave. Un evento horrible de una sola vez de la pérdida de un amigo cercano en un accidente durante la infancia es menos probable que resulte en BPD que una experiencia prolongada de abandono real o amenazado. Los años formativos de la infancia también son los primeros años de desarrollo de la personalidad. Mientras mayor sea la interrupción de ambos por un trauma, es más probable es que el individuo sufra un desorden de personalidad.

Curiosamente, el BPD no expresa sus principales características hasta la adolescencia o edad adulta temprana.

Los años de la adolescencia, cuando es típico iniciar amistades basadas en el intercambio de personalidades y comenzar relaciones románticas, pueden ser más complicados por el BPD. Los adolescentes enfrentan el obstáculo adicional de que sus experiencias y su salud mental a menudo sean desestimadas como "los problemas de la juventud" o como "sólo una fase". Incluso en la adolescencia, un individuo sano será capaz de establecer y mantener relaciones estrechas sin daños personales o comportamiento errático. No cometa el error de creer que sus sentimientos no son reales, son inventados, o demasiado intensos para ser válidos. Reconocer temprano los patrones de pensamiento, de sentimiento y relaciones sólo lo va a beneficiar para toda su vida.

Los adultos jóvenes a menudo son los que más sufren del BPD diagnosticado o no. Es en esta etapa de la vida que está llena de transición, de cambios, expectativas, y presión social. Este es un crisol para aquellos cuyas personalidades han sido, sin ellos saberlo, alteradas por traumas biográficos o biológicos. Un adulto joven que va a la universidad, o un recién graduado buscando un puesto de trabajo, o una relación avanzando hacia un mayor compromiso, todos estos casos revelarán temores, deseos, y mecanismos de afrontamiento no examinados. Si la estructura de la psique de una persona de veintidós años no está equipada para hacer coincidir la realidad de sus circunstancias con sus reacciones, entonces es seguro decir que todo el infierno (interior) puede desatarse.

La edad adulta es también un momento crítico para el desarrollo personal, ya que los hábitos de la personalidad no están firmemente grabados en piedra. Así como un pájaro bebé que aprende a volar de sus padres, y luego tiene que dejar el nido y con suerte seguir la instrucción como antes, un joven de dieciocho años que va a la universidad está siendo probado en su capacidad para volar. ¿Seguirán los hábitos con los que fueron criados? Se irán a dormir a la misma hora cada noche, comerán los mismos alimentos que estaban en su comedor familiar, harán el mismo tipo de amigos, o tendrán los mismos intereses? Lo más común es que no. Este será un tiempo de rebelión y experimentación para descubrir lo quiénes *realmente* son y lo que *realmente* quieren ser.

El periodo caótico de individuación de una familia de origen hace que sea aún más difícil de detectar lo que es o no un comportamiento normal, saludable. La preocupación apremiante a la hora de decidir si una personalidad desordenada está en juego, es la experiencia interior del individuo. ¿Existen sentimientos de vacío constantes? ¿De abandono? ¿De odio a sí mismo? ¿Estos sentimientos o reacciones a estos sentimientos están impidiéndole al individuo tener relaciones íntimas, comprometidas? ¿Impidiéndole obtener puestos de trabajo? ¿Evitar hacerse daño a sí mismo? Estas son las preocupaciones que deben llevar a alguien a buscar ayuda.

Del mismo modo, a medida que el individuo limítrofe va madurando con la edad, la enfermedad en sí puede llegar a ser menos intrusiva, incluso sin intervención formal. Los estudios han observado que el BPD tiende a "establecerse" con la edad. La preocupación sigue siendo que los eventos desencadenantes (véase el Capítulo 4) afectarán al limítrofe en la misma medida que al joven adulto limítrofe. Si una cosa es sabida acerca de la vida, es el hecho de que el cambio siempre es inminente, y para la estructura fija, rígida de la personalidad borderline, estos cambios son recibidos con resistencia y caos. Mientras que los BPD pueden ser evaluados en la adolescencia, y si bien puede ser más prominente en la edad temprana adulta, no hay ninguna vergüenza o desventaja en reconocer la condición más adelante en la vida. De hecho, aquellos que han sobrevivido con el desorden en su madurez pueden estar mejor equipados para tomar, tanto personalmente y financieramente, los pasos necesarios que ayudarán a sanar. Independientemente de la edad o etapa en la que el BPD es identificado, nunca es demasiado tarde para sanar.

Capítulo 3: Tratamientos: Llegar a un Diagnóstico, Auto-Conciencia, Terapia, DBT y Medicación

"La mejor manera de escapar es siempre a través de."

— Robert Frost

Empiece ahora mismo con la auto-conciencia. Respire. Piense acerca de lo que le llevó a leer este libro, ahora mismo, hoy. ¿Qué sensación tuvo antes de comenzar? Respire de nuevo. Note sus manos. ¿Cómo se sienten? Si no siente nada, está bien. Respire de nuevo. Relaje sus hombros. Céntrese en su cuello. ¿Cómo se siente? ¿Rígido, apretado, caliente, frío? Simple. Sólo dése cuenta. Si usted está teniendo problemas para darse cuenta de cómo se siente, entonces sólo note eso. Piense, "me doy cuenta de que es difícil para mí saber cómo se siente mi cuello ahora mismo, o cómo me siento en este momento". Eso es un gran comienzo.

Este breve ejercicio es el más pequeño pero más potente herramienta que tiene para sanar y progresar con el BPD. La auto-conciencia no es un poder mágico que sólo ciertas personas tienen. Todo el mundo la tiene. Todos tenemos acceso a la auto-reflexión y tenemos la capacidad para enfocar esta habilidad. Para aquellos que tienen BPD o han crecido cerca de él durante tanto tiempo, puede que sea difícil vincularse consigo mismo en este nivel. Eso está bien. Sepa y confíe en que es un proceso que tomará tiempo, pero los pequeños pasos y los aparentemente pequeños hitos son, de hecho, gigantescos saltos hacia adelante.

Continuar el tratamiento para el BPD o para el impacto en su vida es una búsqueda de una relación feliz y segura con usted mismo. Usted puede tener otros objetivos: arreglar su familia, asegurar una relación romántica, tener éxito en sus sueños. El secreto es este: estos objetivos son todos productos derivados de una relación feliz y segura con usted mismo. Usted no puede tener una vida familiar feliz, un matrimonio exitoso, o realmente experimentar la realización de sus sueños, sin un arraigado sentido de sí mismo.

Imagine todo su ser como un vaso de agua. El agua representa todas las cosas buenas en su vida, reales y deseadas. El agua es su familia, sus amigos, sus esperanzas, sus sueños, su risa, su ira, sus decepciones, sus esperanzas, y su todo. El vidrio es *usted*. Usted contiene todas estas cosas. Usted, un vaso de agua, puede dar por sentado que contiene esos tesoros, pero cada vaso lo hace, en cierta medida. Solo está haciendo su trabajo como el vaso que contiene el agua. Ahora, alguien con BPD no puede ser el vaso. Ellos quieren ser el vaso y se esfuerzan mucho para ser como el vaso, pero son más como una hoja de papel. Se doblan a sí mismos en forma de vaso, pero el agua se derrama a través de ella. Tratan de arreglar las cosas pidiendo vasos prestados de los demás, pero esto no funciona porque otras personas no pueden sostener su agua. Ellos luchan con el agua y le gritan para tratar de hacer que ésta mantenga forma de vaso. Ellos simplemente no pueden contener el agua, como un vaso completamente formado.

El trabajo de terapia y tratamiento para el BPD es la alquimia que convertirá una personalidad sustituta, construida como mecanismo de supervivencia del trauma, en un vaso sólido, capaz de sostener agua. Es un proceso de reconstrucción. Si usted ha probado las terapias de conversación o las terapias cognitivo-conductual (TCC), el tratamiento limítrofe no es así. Mientras que la TCC se enfoca en el comportamiento con el objetivo de mejorar las situaciones y los sentimientos, el tratamiento para el BPD buscar enseñarle cómo reconstruir su personalidad, desde el principio, en una estructura sana. Es una operación muy valiente y difícil y la persistencia, la compasión, la paciencia y el trabajo duro son necesarios.

Lo mismo se puede decir para aquellos que se están recuperando del BPD de un ser querido. El objetivo, sin embargo, no es para decir que están "mal" y necesitan ser "arreglados." El Trastorno Limítrofe de la Personalidad es un diagnóstico, no una sentencia. El objetivo es transformar un infierno personal en un espíritu que abrace la vida, saludable y flexible. Es un regalo darse a sí mismo esa segunda oportunidad que le fue negada injustamente.

La auto-conciencia es la primera herramienta en el viaje. Tome un momento para respirar. Pregúntese, "¿quiero darme este regalo?"

Si ha seguido leyendo hasta este punto, está en el camino correcto. Uno de los mayores obstáculos para conseguir el tratamiento es la negación, por parte de los individuos con BPD. El hecho de que el BPD crea una visión distorsionada de la realidad y se hace que sea fácil ver cómo la negación podría entrar en juego.

Jessica, una mujer de unos 40 años, había estado sufriendo de BPD toda su vida. Su primer matrimonio terminó mal casi llegando a sus 30 años y ella pasó a través de una serie de relaciones abusivas desde entonces. Siempre había sido ambiciosa en su carrera, pero había llegado a su límite, debido al temor de que sus superiores nunca valoran su trabajo realmente. La hija de Jessica dejó de hablar con ella después de que se fue para la universidad. Jessica trataba de llamar, sólo para que la llama fuese directo al buzón de llamadas. Un correo electrónico cada cierto tiempo le avisaba a Jessica que su hija estaba bien, pero que estaba demasiado ocupada para hablar. Después de siete años de esto, Jessica finalmente fue capaz de presionar a su hija a que le diera una explicación de esta situación, todo lo que quería Jessica era decirle que ella la amaba: Jessica la estaba "asfixiando". Jessica estaba destruida. Ella estalló en sollozos y sintió la sensación de hundimiento que había sentido toda su vida: que su hija y todas las personas por las que se había preocupado la abandonarían. Esta palabra condujo a Jessica hasta el punto de querer internarse en centro especializado para la salud mental. Ella estaba devastada, y fue incapaz de quedarse en casa con sus intensos sentimientos de dolor y de vergüenza. Se dirigió a la clínica, pero en el estacionamiento se dio cuenta de que lo único que había hecho su hija era decir una palabra para ponerla así. Cuando Jessica se reunió con un médico y habló de su situación, ella se calmó y admitió que había sido de esta manera antes. Era la primera vez que Jessica confesó que esta reacción fue un patrón en su vida. "Fue un gran alivio," escribió ella, "para darme cuenta que yo estaba mal y no alguien más"

Las revelaciones personales pueden ser catárticas, y es un testimonio de que tanto puede afectar el BPD como en el caso de Jessica donde se perdió tanto tiempo debido a la falta de buscar o tener disponible una intervención. Esta es la razón por la que no hay reemplazo para la ayuda profesional especializada para el BPD. Dese la mejor atención posible. No se conforme con un tratamiento que no trae el alivio de la respuesta y la explicación que pone una luz donde había oscuridad y confusión.

La Terapia Dialéctica Conductual

La Terapia Dialéctica Conductual (DBT, por sus siglas en inglés) es el tratamiento más comúnmente utilizado para el BPD diagnosticado. Es una terapia cognitiva y le da a los pacientes nuevas habilidades para tratar con emociones difíciles y problemas en las relaciones. La DBT difiere de la

41

terapia tradicional de conversación en que hay actividades y ejercicios que se practican en privado o en configuración de grupo. Es como un gimnasio para el alma donde se puede fortalecer y aprender a confiar en grupos de músculos en el interior de su personalidad que nunca supo que tenía.

La DBT fue desarrollada específicamente para el tratamiento del BPD. El nombre proviene de su énfasis en la dialéctica o de actuar a través de fuerzas opuestas. Las personas con BPD tienen una gran dificultad en contemplar dos verdades opuestas a la vez. El panorama interior del BPD es una serie de circunstancias y/o hechos en blanco y negro. Esto está relacionado con el trastorno de origen en la infancia donde, en algún punto, un evento o persona dejó muy claro que su vida era más importante que el derecho del niño a su propia vida. La DBT está estructurada para presentar un pensamiento "y": *Estoy enojado y tú estás enojado. Estoy feliz y tú estás enojado, y eso está bien. Tienes razón y yo tengo razón, en nuestras propias maneras.* Se trata de un cambio revolucionario y por lo tanto una potente modalidad para el tratamiento del BPD.

La DBT se centra en cuatro áreas principales de la psique: **la atención**, **la regulación emocional**, **la efectividad interpersonal**, y **la tolerancia a la angustia.**

El *mindfulness* o la consciencia, es la capacidad de estar presente en el momento actual, tal y como es. Para el individuo limítrofe, estar presente en el momento es un reto constante. Como su sentido de identidad nunca está seguro, el limítrofe buscará consciente e inconscientemente su próxima fuente de sustitución de identidad. Por ejemplo, si un individuo limítrofe está en el trabajo, en lugar de estar centrado en el asunto en cuestión, puede estar pensando en lo que su jefe piensa sobre él. Puede proyectar, o falsamente asignar su experiencia personal en alguien más, y asumir que su jefe piensa que es un holgazán. *"¡Lo demostraré!"*, puede pensar el limítrofe y dirigirse a la oficina de su jefe, en busca de atención positiva.

La falta de una identidad y autoestima sana conduce al limítrofe a buscar la aprobación de los demás constantemente. Si no de los demás, entonces a través de un estatus. Si una mujer BPD se siente mal acerca de sí misma, puede ir a la tienda a comprar un vestido favorecedor por impulso. El *mindfulness* es un paso hacia la corrección de esta necesidad compulsiva de aprobación externa. La práctica de la conciencia o *mindfulness* es la práctica de estar centrado en sí mismo y darse cuenta de cualquier distracción o impulso que surja y dejarlos ir.

La **regulación emocional** en el DBT significa desarrollar estrategias para el cambio de emociones extremas que están causando dificultades en la vida de un limítrofe. Por ejemplo, la vergüenza puede ser una emoción debilitante para un individuo limítrofe. La vergüenza causada por un incidente menor o grave, puede hacer que un BPD sienta indignación y furia o que se retire del mundo. El trabajo en la DBT transforma estas experiencias en eventos viables que pueden ser *manejados* en lugar de *sufridos*.

Siempre hay una elección cuando se trata de experimentar emociones. Para el individuo con BPD, esta es una noción radical. Para algunos, "déjalo así" u "olvídalo" es un buen consejo. Para el limítrofe, es un mito. La DBT utiliza técnicas tangibles y prácticas para guiar a aquellos con BPD o con secuelas de BPD a un lugar donde puedan experimentar sus emociones sin ser abrumados.

La **efectividad interpersonal** es el estándar para todas las relaciones sanas. Lograr esto significa estar en una relación con los demás sin tener una forma de pensar negro o blanco, todo o nada, ni un debate emocional tú-o-yo. Las técnicas DBT para la efectividad interpersonal promueven un yo que es claro acerca de sus límites en una relación. Demasiado a menudo, las personas con BPD en las relaciones se sienten como si ellos no tienen derecho a que sus propios sentimientos sean escuchados. Sus experiencias traumáticas les enseñaron a devaluar sus vidas interiores por el bien de los demás. Sin embargo, esta negación de sí mismo no puede durar. La realidad energética de la vida interior, será suprimida hasta que no pueda ser contenida. Esto se traduce en arrebatos, resentimientos silenciosos a largo plazo, y el sentido de nunca ser entendido o aceptado como persona.

Las limitaciones del BPD en el amor, son la falta de una comunicación honesta. Esto no es porque el individuo BPD no quiera ser honesto, sino que realmente se siente atrapado e incapaz de expresar sus sentimientos. La DBT comienza a corregir esto mediante la práctica de la asertividad. Esta capacidad de ser asertivo, no agresivo, engendra un sentido de auto-respeto. La psique humana necesita validación de nuestra comunidad. Es necesario para nuestra supervivencia como miembros funcionales y saludables de una sociedad. Estas habilidades que se enseñan en la DBT florecen tanto en las configuraciones uno-a-uno, así como en los talleres de grupo. Es un viaje valiente hablar por sí mismo, pero la experiencia radical de decir claramente lo que usted necesita y luego dándose cuenta de que el mundo no reacciona como lo espera, es un alivio y una afirmación para la vida.

La **tolerancia a la angustia** puede ser la dirección más directa para la disposición del BPD. Las personalidades limítrofes, no pueden tolerar el estrés real o percibido. Un disparador manejable para cualquiera va a registrarse como un dolor agudo para el limítrofe. Es casi como subir el volumen hasta once cuando todos los demás sólo oyen un ligero ruido de fondo. La reacción normal del BPD es escapar de este dolor intolerable.

Este es el aspecto de la DBT que practica la *aceptación radical*. La terapia respeta la dura verdad de la realidad de que habrá momentos difíciles. La DBT aumenta la capacidad de los individuos con BPD para tolerar las experiencias negativas en lugar de huir de ellas. La Aceptación Radical fomenta afirmaciones tales como, *Sí, esto está pasando ahora y es muy malo y yo no voy a hacer nada excepto sentarme aquí. Estoy bien.* La experiencia dinámica de trabajar con un terapeuta capacitado en este sentido no puede ser igualada. Es poderoso sentarse en una habitación y aumentar su capacidad de resiliencia. Imagínese si todos trabajaran tan duro en sí mismos como aquellos que buscan curarse. Cambiaría el panorama de cuán a menudo somos amables los unos con los otros en vez de reaccionarios.

La DBT se basa en el trabajo en grupo y en la terapia uno-a-uno. Su terapeuta puede estar de acuerdo en que sólo se necesita uno o el otro, o ambos, para apoyarle en su recuperación. Si se siente intimidado por una configuración de grupo, por favor, primero sepa que la curación en grupo es una tradición duradera en muchas culturas, y lo que a primera vista pudiera parecer extraño o poco común puede proporcionar una profundidad en la comprensión y en la comunidad que nunca pensó posible. Si le preocupa la terapia privada o ha tenido malas experiencias en el pasado con la terapia, por favor, también sepa que esto no es raro. Lo mejor que puede hacer es leer foros, artículos y libros acerca de otras personas que comparten una experiencia similar para tener mayor perspectiva de que no está solo.

La terapia es una profesión que existe para ayudar a las personas a integrarse plenamente a sí mismos y a sus vidas con el fin de experimentar alegría, satisfacción y progreso. La terapia es también lo que le ofrecemos a nuestros amigos, familiares y seres queridos cuando están pasando por un momento difícil en sus vidas. No es reconocida como tal, pero sigue siendo apoyo con la intención de sanar a nuestros amigos atribulados. Necesitar ayuda no es malo o vergonzoso. La terapia profesional es un requisito para el tratamiento del BPD. Sin embargo, reconozca si tiene preocupaciones acerca de iniciar un tratamiento profesional con las que haya recibido ayuda o asesoramiento de la familia, y no es tan extraño buscar consuelo y comprensión de los demás. La diferencia es que, mientras que sus amigos y familiares probablemente le hayan ofrecido palabras y gestos que proporcionaron un alivio temporal, los profesionales le ofrecerán un camino hacia la libertad personal.

Atención Complementaria

No hay duda de que nuestro comportamiento influye en nuestra biología. Mientras que el capítulo anterior hizo hincapié en el origen del BPD como trauma no procesado de la infancia y sus estrategias de adaptación, hay un nivel del trastorno que justamente afecta el cuerpo y puede requerir atención médica o apoyo alternativo.

Los neurocientíficos han demostrado cómo las afirmaciones positivas pueden afectar directamente y mejorar la química del cerebro. Si hay evidencia de que las afirmaciones positivas afecten la química del cerebro, entonces no es demasiado descabellado sugerir que las frases de baja autoestima y ansiedad casi constante que el BPD puede causar lo llevarán a revertir el daño.

Independientemente de la relación directa entre el BPD y el cerebro, los estudios tienen claro que los problemas de salud coexistentes o superpuestos surgen dentro de la personalidad limítrofe. La depresión y la ansiedad son comunes y un co-diagnóstico común o, en algunos casos, un falso diagnóstico preliminar es el trastorno bipolar. Todos estos problemas de salud mental son tradicionalmente tratados por psiquiatras con medicamentos que interactúan con los neurotransmisores para remodelar el mapa químico del cerebro.

Los medicamentos con cualquier diagnóstico que se realiza por un profesional con licencia, preferiblemente un profesional en el campo de la salud mental (en vez de un médico de familia), pueden ser apropiados y beneficiosos. Incluso cuando se trata un diagnóstico de trastorno bipolar que luego se descubre que es BPD, el alivio de los estabilizadores anímicos utilizados para el tratamiento del trastorno bipolar podría ser un salvavidas. Estos pueden ofrecer alivio temporal hasta que los problemas más profundos puedan ser abordados. Las prescripciones para la ansiedad y la depresión podrían ser el mejor apoyo para su salud física y mental hasta que se encuentre más estable en su tratamiento intrapersonal.

Es sabio enfocar la atención complementaria con la mentalidad de que son, de hecho, suplementos para el trabajo terapéutico esencial. El proceso de ensayo-y-error de encontrar las prescripciones adecuadas puede ser un paseo en el parque para algunos o una lucha interminable para otros.

Kevin, de 25 años, fue capaz de estabilizar sus ánimos cada vez más depresivos que duraban de una semana a un mes, con la ayuda de SSRI (Inhibidor Selectivo de la Recaptación de Serotonina). Esto le permitió tener la fuerza de voluntad para encontrar un terapeuta con experiencia en DBT. La idea de encontrar un terapeuta antes de comenzar la medicación parecía imposible.

Sarah, de 37 años, conocida por su burbujeante actitud por su familia, luchó con un diagnóstico erróneo de trastorno bipolar y con una década de tomar y dejar medicamentos para enfrentar sus quejas. No fue hasta que Sarah empezó la terapia DBT, que empezó a sentirse como su mejor yo de nuevo. La medicación, en ambos casos, uno explícitamente positivo y el otro frustrante, sirvió su propósito: acercar a los pacientes al trabajo que necesita hacerse.

En una cultura Occidentalizada, donde los anuncios de televisión del último medicamento para la depresión o para dormir bombardean nuestras pantallas, es fácil creer que la medicación está diseñada para ser *la* respuesta. Los medicamentos recetados son sin duda la respuesta para los pacientes que necesitan estabilizar su humor después de un desequilibrio prolongado. Aquellos que necesitan alivio de una desesperación terrible o que necesitan el recurso después de no poder encontrar una respuesta en ningún lado. No hay ningún camino correcto o incorrecto para nadie mientras busca tratamiento. Incluso cuando la intervención médica es necesaria, la medicación nunca es la respuesta *completa*. Siempre pregunte a su médico por cualquier inquietud que tenga sobre los medicamentos que está tomando actualmente, o de los que esté interesado en aprender más.

Fuera de la medicación, otras modalidades pueden ser muy beneficiosas mientras busca la recuperación, ya sea con diagnóstico de BPD o antes de la confirmación de un diagnóstico. Las prácticas de cuidado corporal y espiritual son una excelente manera de aliviar el estrés y aumentar su sentido de auto-conciencia. Yoga, masajes, acupuntura, Reiki, Tai Chi y la meditación son excelentes maneras de comenzar. De hecho, cualquier práctica que le invita a estar tranquilo y centrarse en sí mismo va a aumentar su resiliencia interior cuando se enfrente a un evento doloroso. Estas modalidades ahora son accesibles en los países Occidentales y las compañías de seguros ahora ofrecen beneficios para el cuidado alternativo, dependiendo de su cobertura. Si ir a un estudio de yoga por primera vez le parece intimidante, o si la meditación le parece incómoda, trate de buscar videos de instrucción en línea. Puede ser muy poderoso solo observar a otros practicar una habilidad que le gustaría aprender. En un mundo conectado, usted no está solo, y eso aplica especialmente a los individuos ocn BPD que buscan una vida más saludable.

Capítulo 4: Conecte Con Su Poder: Cómo Aquellos con BPD Pueden Identificar los Disparadores y Aprender Nuevos Comportamientos

Hay una lista creciente de individuos con BPD que viven vidas felices y exitosas, llenas de relaciones estables. Esto habla del poder de la terapia y de la intervención temprana que se ha generalizado desde la década de 1980. La chispa de introspección de aprender por primera vez exactamente lo que está pasando con su vida interior puede motivar a aquellos con BPD a buscar la recuperación en esta batalla cuesta arriba. "¡Pensé que nunca iba a saber lo que estaba mal conmigo!" Sarah, a sus 50 años, después de que le preguntaran cuál es la parte positiva de tener un diagnóstico de BPD, exclamó. "¡Pensé que me estaba volviendo loca! Pensé que no había nada que hacer y que siempre me sentiría como un fracaso. Ahora, sé que es un trastorno que engaña a tu mente, y creo que a tu espíritu, haciéndote creer que eres un fracaso. No lo eres, en absoluto".

Hay una exuberancia y una libertad en recibir el nombre correcto de una enfermedad o trastorno. "Hay dos preguntas que nos hacemos en la medicina," escribe el Dr. Robyn Parker, Ph D., "si tiene nombre y si podemos hacer algo por ello." También proporciona a los pacientes una sensación de alivio darle a sus seres queridos una explicación clínica para su comportamiento, en lugar de una mezcla confusa de emociones sobre la negatividad que han causado. "Lo despersonaliza, lo cual es un alivio cuando todo el maldito asunto es tan personal", concluye Sara.

La advertencia aquí es que nadie lo puede preparar para un diagnóstico, excepto usted mismo. Sus seres queridos podrían tener la tentación de empujarlo en una dirección en la que tal vez esté incómodo. Esto puede aumentar la rebeldía defendiendo su derecho a buscar ayuda cuando esté listo. Sin embargo, tenga en cuenta, si sus seres queridos están tratando de acercarse con preocupación, es porque les importa profundamente, su relación, y quieren verlo bien.

Una hija adulta puede llevar a su padre con BPD a la oficina del terapeuta dos veces a la semana y el terapeuta puede afirmar repetidamente que es momento de abordar su preocupación sobre el comportamiento limítrofe, pero esto todavía no significa que el paciente esté listo para emprender el tratamiento. La ayuda no puede ser forzada, sino que debe ser recibida. El optimismo que puede venir con el despertar inicial al diagnóstico limítrofe, y la explicación que tiene para el conflicto interno y las relaciones sin futuro que de otra manera serían un misterio, puede ser suficiente para que el individuo con BPD se abra a recibir ayuda. Esta es la gracia del conocimiento. Felicítese a si mismo por tomar el primer paso hacia la curación por, primero, educarse a sí mismo sobre las opciones de recuperación.

La verdad es que los individuos con BPD han sobrevivido pesadillas personales y este es un gran testimonio de su fuerza. Si usted ha sufrido un trauma en la infancia y está aquí hoy, por favor, sepa que esto demuestra una enorme capacidad para la fuerza interna, la fuerza de voluntad y el ingenio para sobrevivir en circunstancias desesperadas. El trauma sin ninguna duda le ha costado más de lo que quiere soportar. Los recursos internos necesarios para enfrentar, sanar y liberar esos traumas, son evidentes. Usted es fuerte porque es un sobreviviente.

Es muy posible aplicar las técnicas de la Terapia Dialéctica Conductual a su vida y a su ser para progresar. Esta lectura no debe servir como sustituto del cuidado profesional de la salud y cualquier ejercicio o consejo aquí presentado pretende ser una exploración y no debe ser considerado como tratamiento médico. Los siguientes son pasos útiles para crear un nuevo diálogo dentro de sí mismo y fortalecer su camino en la recuperación. Incluso si usted duda tener BPD, o si está seguro de estar afectado, estos ejercicios pueden ayudar a empoderarlo tanto en sus relaciones como en el camino de vida. Vamos a empezar.

Identificación De Factores Desencadenantes

La paradoja de la identificación del BPD dentro de uno mismo, resulta obvia: ¿cómo puede verse claramente cuando la raíz del problema es que nada está claro? Esta es la razón por la que prestar atención a la conducta es tan importante. Así como sería injusto preguntarle a un bebé cómo se siente y esperar una respuesta articulada y precisa, es casi injusto esperar que aquellos con BPD den un informe preciso y articulado de lo que sus emociones están haciendo durante un malestar. Los sentimientos son demasiado abrumadores y el sentido de la realidad está tan deformado que cualquier explicación lo más probable es que empeore la angustia exponencialmente. Lo que es justo observar en un bebé molesto es su comportamiento. Si un bebé está llorando, entonces un padre sabe que hay una serie de cuestiones que deben atenderse: cambio de pañal, hambre, un abrazo, un querido animal de peluche que no encuentra. El llanto es lo que le da pistas a los padres. Más tarde, a los terribles dos años, prestar atención a la conducta puede ser la pista de un padre a la verdadera causa del malestar, más allá de los llantos de, "¡quiero jugo de manzana!" Si el niño está lanzando sus puños alrededor y pisando fuerte, puede ser un signo de agotamiento y de lo buena que sería una siesta (y no un jugo). En una forma similar, los individuos limítrofes deben comenzar a observar su comportamiento para obtener información acerca de sus necesidades, en lugar de sus abrumadoras emociones.

Esto no es para infantilizar a los individuos con BPD o a sus emociones, en lo absoluto. De hecho, es todo lo contrario. Los individuos limítrofes deben dirigirse y tratar su vida interior con la misma atención amorosa y paciente de un padre a un hijo. Las tormentas interiores emocionales e imprudentes de la personalidad borderline no darán explicaciones lógicas, racionales de su existencia. Lo más probable, es que estas tormentas vengan en un flash, sin el conocimiento de los individuos con BPD sobre su causa, y los abrumará hasta el punto de no ser capaces de distinguir una crisis de un evento no amenazante. Si, en lugar de enfocarse en el malestar extremo o en la efusión de ira, el individuo BPD nota cómo está tirando puertas, o gritando en el teléfono, o caminando incesantemente por la casa, entonces información valiosa empiezar a surgir. La transformación central que tendrá lugar es un nuevo patrón de comportamientos alternativos frente a emociones similares. Las emociones evolucionarán y disminuirán con el tiempo, pero no sin un cambio en el comportamiento primero.

"Solía meterme en el coche, tirar la puerta, luego abrirla y tirarla de nuevo. Ni siquiera me había dado cuenta de que mi hija estaba llorando," compartió la madre en recuperación de BPD, Mindy. "Honestamente, no sabía que estaba golpeando la puerta hasta que mi hija creció y confesó lo aterradores que eran esos episodios. Fue desgarrador oírlo."

En el fondo de su corazón, las personas con BPD *no* quieren exhibir emociones desenfrenadas o comportamientos que estén causando dolor a sus seres queridos, y a sus propias vidas. Es, de hecho, su profundo deseo ser amados y compartir el amor que les ha llevado a un conjunto de mecanismos de adaptación inadaptados que ya no coinciden con la proporción o la realidad de sus situaciones. Aquellos con el desorden son como niños que salen a jugar en el jardín trasero pero no tienen una figura de autoridad que les diga en qué momento es necesario entrar. Dejados sin supervisión, los niños se van, se pierden, se asustan, se rebelan, y demandan atención a fin de ser rescatados. El milagro de la curación y la búsqueda de tratamiento es que el individuo BPD puede reclamar su derecho a la seguridad personal y terminar con la locura de ser víctima de sus intensos episodios emocionales.

Tal vez se sienta abrumado en este momento solo de considerar la idea de cambiar su comportamiento. Por favor, sepa que sin importar lo que piense o sienta, el cambio es posible. Un diagnóstico de BPD trae mucha esperanza y muchas personas se recuperan. La recuperación se ve diferente para cada paciente y también existe dentro de una continuidad. Lo que promete, con dedicación y compasión hacia usted y un médico con licencia, es el alivio de las autolesiones, de las relaciones rotas y de una vida que se siente esclava de cualquier emoción que se atraviese.

Una Cuenta Bancaria Emocional

Adelante, saque una libreta o un diario y comience a anotar una lista. La lista se basará en intervalos de tres días: hoy, la semana pasada y el mes pasado. Intente identificar todos y cada uno de los momentos en los que se sintió molesto de alguna forma. Ya sea enojo, irritación, celos, tristeza, depresión o aburrimiento. Establezca un temporizador por diez minutos y solo escriba lo que se le ocurra. Si solo escribe una o dos cosas, no se preocupe; esto es genial. Tómese diez minutos ahora y escriba su lista.

Ahora, dé un paso atrás y vea qué tipo de evento comenzó cada emoción. ¿Eran todos por conflictos con otras personas? ¿Eran momentos cuando estaba solo? Tome nota de cualquier temática principal o conexiones que vea.

Ahora clasifique cada evento en un nivel del 1 al 5. 1 representará un nivel de emoción que estuvo presente pero que no interrumpió su día. 5 representa un nivel de emoción que era casi intolerable. Califique todos sus eventos ahora.

Eche un vistazo a los eventos que ha clasificado más alto. Continúe y enumere los detalles del incidente. Concéntrese en lo que sucedió inmediatamente antes de su malestar y luego detalle qué comportamientos estuvieron presentes durante su estado emocional elevado. No haga juicios sobre qué causó su reacción o qué sucedió durante su reacción.

El proceso que acaba de terminar es un inventario personal. Los auto inventarios sirven como una cuenta bancaria emocional. Al igual que el dinero, las emociones son un recurso finito de los que tiene cierta reserva todos los días. Al igual que su salud financiera, su salud emocional depende de hacer un inventario de sus recursos, asegurarse de que nada esté sobrecargando su cuenta, y de que está invirtiendo sus emociones sabiamente.

Mire su auto inventario completo. Ahora, sin etiquetar ningún evento como "incorrecto", ¿qué comportamientos o sentimientos siente que fueron tal vez un desperdicio de energía, o un valor emocional malgastado? ¿Cuáles todavía siente fuertemente y quiere invertir energía? ¿Hubo alguna consecuencia negativa del "gasto excesivo" de su cuenta emocional durante un día cualquiera? Si es así, enumere estas consecuencias y clasifíquelas del 1 al 5 (1 es un inconveniente menor y 5 es un fuerte arrepentimiento). Intente determinar qué tipos de eventos desencadenantes llevaron a las emociones más costosas y severas. ¿Fueron interacciones difíciles con amigos? ¿Decepciones de sus seres queridos? ¿La sensación general de ser ignorado o incluso estar aburrido?

Esta simple cuenta, que puede repetir a diario o practicar una vez por semana, es una herramienta muy sólida para comenzar a registrar y examinar el comportamiento. Mantener un registro de los eventos desencadenantes y el comportamiento resultante, sin juzgar, puede ser una herramienta vital para compartir con su terapeuta. Dicen que una imagen vale más que mil palabras y, en este caso, un registro emocional vale su cordura. Dejando a un lado las bromas, el proceso de tomar su experiencia interna y plasmarla en un papel, revisarla y luego interpretar sus temas principales es nada menos que invitar a un milagro a funcionar durante su recuperación. *El comportamiento no va a cambiar sin ser consciente. La conciencia no puede comenzar sin la práctica.* Todo el poder que necesita está en la simplicidad de prestar atención a su comportamiento y romper el caparazón de cómo está sirviendo o negando tu vida.

Cuanto más tome una cuenta bancaria emocional y un inventario propio, más podrá cambiar su comportamiento. El ritmo del cambio puede parecer glacial. Esto es normal y es de vital importancia que sea paciente con usted mismo. La clave es esta: cuanto más notes un desencadenante, una reacción y sus sentimientos sobre cómo estos dos sentimientos sucedieron, más información envía a su cerebro para que use su neuroplasticidad para hacer cambios. Los hábitos arraigados viven felizmente en la ignorancia.

Si se despierta todos los días e inmediatamente presiona el botón de repetición, este comportamiento continuará indefinidamente si nunca se da cuenta de que eso es exactamente lo que está haciendo todos los días. Tan pronto se de cuenta de la repetición, ahora puede reflexionar sobre su existencia. *Le doy al botón de repetición cada mañana. ¿Es cada mañana? Sí, durante tres días, me he dado cuenta. ¿Va a pasar mañana?* Siga siendo curioso. Se le permite observar el comportamiento una y otra vez hasta que esté listo para tomar una decisión sobre qué hacer al respecto. *Han pasado 7 semanas de presionar el botón de repetición del despertador, me pregunto cómo sería si no lo hiciera.* Si resulta que se siente más feliz al esquivar el botón de repetición y el despertador por completo, entonces, ¡éxito!

Ha descubierto lo que funciona para usted. Con el comportamiento BPD, la mayoría de los mecanismos intensos del trastorno están en piloto automático. Ponerse furioso por un desaire personal para algunas personas limítrofes es similar a darle automáticamente al botón de repetición cada mañana después de que suena la alarma. El *único* método de cambiar el comportamiento es siendo consciente. Empiece a crear su cuenta bancaria emocional hoy. No es necesario tener la intención de cambiar nada, para empezar. Simplemente comience por notar cómo fluye su día y cuándo se interrumpe. Su poder personal reside en este pequeño hábito de ponerle atención a sus pensamientos, acciones y sentimientos.

Capítulo 5: Cuando Un Ser Querido Tiene BPD: El Camino a la Aceptación y Sanación

Puede ser la sensación más difícil en el mundo, amar a alguien que sufre de un trastorno de personalidad. Las reglas del BPD cambian la relación en cualquier día dado. Es como si decidiera jugar al ajedrez con un querido amigo y él rompiera el tablero y las piezas, o incluso las tirara en su cara.

El problema de amar a alguien con borderline no es que sea incapaz de devolver el afecto, la confianza y la intimidad. El problema es que su ser querido está en una prisión personal hasta que empiece a llegar la ayuda. Es común sentirse indefenso, desesperado, perdido, confundido o cualquier otro tipo de sentimiento que normalmente no experimente en otras relaciones más estables.

Lo primero que debe saber sobre cómo lidiar con la recuperación de los efectos de una relación con un BPD, es entender que lleva tiempo. El BPD se desarrolla a lo largo de la infancia y lleva años y a veces décadas para desenvolverse, y para comprenderlo. Sea paciente con usted mismo, principalmente. Es algo hermoso poder amar a otra persona, ya sea un familiar o un amigo. Es un testimonio de su carácter que, incluso durante algunas de las situaciones más desafiantes que pueden surgir en una relación; todavía sienta afecto por su ser querido.

Por mucho que aquellos con BPD tengan que volver a aprender las formas fundamentales de relacionarse, aquellos que han sido criados por un padre con BPD o han estado en una relación cercana con sus patrones de comportamiento, también tienen que volver a aprender su sentido interno de la verdad.

Ruth, una hija de un padre con BPD, creció sintiéndose confundida sobre qué sentimientos eran apropiados tener en relaciones cercanas. Ella recuerda: "Nunca sabía si tenía permitido estar enojada, triste o incluso feliz a veces". Esta es una experiencia normal para los hijos de padres con BPD. El trastorno afecta la capacidad del padre para mantener límites saludables con sus hijos y esto a menudo lleva a que el padre se asegure de que el centro de gravedad emocional de la casa se centre en ellos.

Reconozca por sí mismo que, incluso cuando está en una relación amorosa, surgirán sentimientos negativos incluso en las mejores relaciones. Aquellos carcanos a personas con BPD tendrán que pelear más para reconocer los sentimientos negativos dentro de sí mismos, ya que el padre o el ser querido con BPD ha creado un patrón para negar e invalidar estas verdades internas.

La Aceptación

De una manera muy personal e invisible, contar con una personalidad BPD en su vida es el clásico proceso del duelo. Es un camino hacia la aceptación marcada por dificultades, pasos hacia la aceptación, y luego pasos aparentemente retrógrados hacia la negación. Esto está bien. Enmarcar la experiencia de recuperación de un limítrofe como un proceso de dolor y aceptación lo ayudará a avanzar a largo plazo. Si se presiona para "mejorar" o "superarlo", entonces está accediendo a la ira y la frustración que ha enterrado sobre la relación. Como es común, en lugar de externalizar esta ira y permitir que pase, la persona adyacente al BPD dirigirá esta rabia hacia ellos mismos.

Esto es así por diseño. La experiencia BPD intentará hacer "*gaslight*", o negar su realidad, y le echará toda la culpa a *usted*. Esto se debe a que un individuo con BPD *no puede tolerar* el error o sentirse avergonzado de sus acciones. Cada persona con BPD experimentará esto en mayor o menor grado, pero el hecho de que no se establezca una identidad subyacente y un sentido de sí mismo hace que acusaciones simples y honestas, tales como "Has herido mis sentimientos" vayan directamente a la idea del yo del limítrofe. Ellos no oyen: "He herido a alguien", sino que oyen, "soy intolerable para esta persona; no soy digno de amor ". ¿Recuerda el espejo mental deformado? Esta es la traducción temerosa de las relaciones que suceden sigilosamente dentro de los límites del BPD.

Puede parecer sabio combatir estas malas interpretaciones. Puede parecer que puede *resolver el problema* antes de que comience. El conocimiento es poder, después de todo. Como ahora está educándose a sí mismo sobre el BPD y entendiendo cómo el trastorno afecta y altera el pensamiento, puede intentar navegar este campo minado mental la próxima vez que lo encuentre.

Dave, un abogado de unos 60 años, que ha hecho grandes progresos en su recuperación del BPD, reflexiona sobre cómo su esposa trataba de combatir su ira. "Ella estaba trabajando en el tratamiento para su propia recuperación mientras yo estaba haciendo la mía, lo que fue muy útil, creo, para ciertas situaciones. Pero cuando un evento me provocó profundamente, algo tan simple como que ella llegara tarde para recogerme del consultorio médico en una ocasión, me produjo la ira abrumadora y negativa en la que estaba trabajando para aceptar, ya sabe, radicalmente ". se ríe. "Pero, mi esposa sabía lo que estaba pasando en este punto conmigo, y yo intentaba seguir mis palabras y hacer las técnicas que la terapia DBT me estaba enseñando para calmarme. Sin embargo, ella decía algo así como: "Sé que estás molesto y también hice todo lo posible por llegar, pero había tráfico". Pero eso solo me molestaba. Me volvía malo y mezquino. Me llevó mucho tiempo entender realmente el daño que estaba causando. Quisiera haberle podido ahorrar todo ese daño innecesario.

Lo anterior es el mejor escenario donde hay tiempo, esfuerzo y mucho trabajo para volverse más consciente de los patrones de comportamiento. La tentación es pensar, como el ser querido de alguien con BPD, *¡puedo ayudarlos! ¡Puedo arreglarlos porque yo los conozco mejor! ¡Puedo ayudarlos a tomar conciencia de todas las cosas que no entienden de ellos mismos!* Este es un signo de su maravillosa compasión y generosidad de espíritu. Cuando surja una respuesta como esta, tómese su tiempo para reconocer cuán grande es su capacidad para el amor. La lección difícil de aprender, sin embargo, y aquellos que han estado en recuperación por un tiempo saben que es una de las más difíciles de aceptar, es que el BPD *no es su responsabilidad. Su única responsabilidad es cuidar de sí mismo.*

Al principio, la gente generalmente no entiende esta idea. *"¡Qué egoísta!"* usted puede pensar. El camino hacia la aceptación es el viaje de recuperación de su propio sentido de sí mismo único e independiente. Con demasiada frecuencia, las vidas con BPD están marcadas con la inquietante sensación de estar endeudados, pertenecen a, o tienen una obligación con el BPD en sus vidas. Esto también es por diseño. El miedo número uno del individuo BPD es ser abandonado. Eso es todo. Es un miedo intenso e irracional que los padres y seres queridos del BPD deben abordar y superar si quieren sanar. Ese no es un viaje que pueda hacer con ellos. De hecho, lo más probable es que hayan actuado para hacerle creer que *nunca puede dejarlos.*

Marcy, ahora de alrededor de 20 años, admitió que su madre nunca quiso que ella "abandonara el nido". "Me sentí atrapada en mi propia casa, a pesar de que me permitieron irme, ir a la escuela, salir con amigos, siempre que quisiera. Era solo ese sentimiento, y tengo que decir que se sentía como un *hecho*, que no podía dejar a mi madre. Sentí que podía sentir lo que ella estaba sintiendo a kilómetros de distancia".

Los trastornos de personalidad no se detienen por las necesidades y deseos de otras personas. Están diseñados como un mecanismo de supervivencia para proteger a una persona que sufrió un trauma tan grave que tuvo que adoptar medios desesperados para sobrevivir emocionalmente. Usted no le debe nada al BPD. No puede hacer frente al miedo central del BPD. No hay forma de que un individuo pueda hacer sentir a otro que nunca va a ser abandonado. Es un hecho que las vidas cambian y que existen las pérdidas inevitables. El *miedo al abandono* es irracional y nunca se puede calmar con la lógica, razón o acciones que prueben que el miedo es falso.

Si Marcy se hubiera quedado en casa con su madre, en lugar de ir a la universidad como lo hizo y comenzar su propia vida, si hubiera seguido los deseos de su madre y esencialmente prolongado su infancia indefinidamente, la madre de Marcy aún habría tenido un miedo enorme e infinito al abandono. El centro de los trastornos de personalidad existe casi como si fuera un agujero negro emocional de necesidades. No hay forma de que un ser querido pueda corregir esto, incluso si parece que ciertos gestos de amor lo ayudarán. Renunciar a sus necesidades personales para aplacar a una persona con BPD solo les brindará un alivio temporal y solo aumentará el resentimiento reprimido por usted.

La aceptación comienza con eliminar la culpa. Si esto fuera fácil, entonces el campo profesional de la terapia no existiría debido a su redundancia. Si conoce y ama a una persona con BPD, es muy probable que sepa de dónde proviene su comportamiento. Su historia personal es muy traumática y, por lo tanto, comprensible. Está bien sentir simpatía por sus suplicios y aflicciones. Sin embargo, un pasado difícil no elimina la responsabilidad del comportamiento actual.

Puede aceptar que su ser querido con BPD recibió tal vez un trato injusto en la vida, mientras que también acepta que no es una causa justa para un trato injusto o abusivo hacia usted ahora. Intente separar estas dos ideas: puede simpatizar con lo que causó el BPD y también puede no tolerar los términos actuales de su relación. Esto ayudará a eliminar la culpa de su ser querido de tener el trastorno y lo ayudará a usted a responsabilizarlo. Es muy fácil decir: *"Bueno, tuvieron una vida difícil, así que no puedo culparlos por nada"*. Para llegar a cualquier parte en su propia recuperación, debe aceptar dónde yace la falla y procesar estas emociones de desilusión, miedo y dolor.

La aceptación también debe incluir el hecho de *usted* ha experimentado mucho dolor en su relación. Esto puede surgir para los hijos de individuos con BPD en el sentido de que perdieron su infancia. Esto no está fuera de los límites para reclamar. En hogares sanos y estables, los niños son criados con un sentido de integridad o pueden esperar comportamientos consistentes y estabilidad de sus padres. A los niños hijos de individuos con BPD se les niega esto.

Carla, quien tenía solo 8 años cuando comenzó a darse cuenta de que algo estaba "raro" con su madre, recordó sentirse como si "el clima de la casa cambiara todos los días". En respuesta, Carla trataba de evitar los ánimos de su madre ocultándose en su habitación y diciéndose a sí misma "sé una mejor hija para hacer feliz a mamá". Ningún niño debe sentirse responsable de los sentimientos de sus padres. Esta es una inversión de roles del tipo más injusto cuando se espera que un niño sea padre de sus padres. Los hijos de padres con BPD crecen entre los extremos de ser tanto salvadores como demonios de los estados de ánimo de sus padres. Esto es una pérdida de libertad, de independencia y del derecho a ser un niño sin preocupaciones. Puede parecer bastante dramático decirse a sí mismo: "*Perdí mi infancia*". Empezar a decirse su verdad, sin embargo, es la única manera de comenzar a sanar.

Recuperando Su Sentido de Sí Mismo

Lo que se le puede haber negado en una relación cercana con un individuo BPD es su derecho a existir independientemente de la personalidad de ellos. ¿A qué se parece esto?

"Sentí que mi padre siempre me estaba mirando, incluso cuando vivía en otra ciudad. Iba a la tienda, compraba un postre y escuchaba su voz decir, 'no compres eso.' Es difícil de explicar porque sé que otras personas piensan sobre sus padres a menudo, pero siento que mi papá está adentro de mí. "—Oscar, 34

"Me sentí aliviada cuando finalmente decidimos divorciarnos porque llegó un punto en que, por la noche, tratando de dormir junto a él, sentía que me estaba sofocando. Podía sentir todos sus movimientos en la cama como un llamado casi silencioso a mi atención. Sabía cuándo estaba suicida sólo por la forma en que le colgaba la cabeza. Era un constante maratón de preocuparme por él. Ni siquiera me di cuenta de que estaba tan enojada hasta que el divorcio fue definitivo ".
—Mary, 42

"La odiaba mucho, pero no podía dejar de amarla". —Lyssa, 27

El BPD requiere que se satisfagan sus necesidades primero. Si imagina una pirámide, muy parecida a la jerarquía de necesidades de Maslow, entonces sabe que la porción más amplia de la base significa lo que necesita más atención. En materia de supervivencia, este nivel de la pirámide es comida, refugio, agua y sexo. Cuando se trata de la pirámide de una familia, el nivel base de la pirámide debe ser las necesidades, tanto emocionales como físicas, de los niños. La infancia se define por el período de la vida en que los seres humanos requieren que sus necesidades sean satisfechas por los adultos. Los niños requieren apoyo, amor, nutrición, comida, juego, ejercicio y saber que su experiencia es valorada y validada.

Esto no significa, de ninguna manera, que los niños sean el centro del espectáculo. Por ejemplo, un niño de tres años con una rabieta de estrés porque quiere un helado desesperadamente pero le acaban de decir que no puede tener uno, es una reacción común con la que la mayoría de los padres están familiarizados. Una respuesta apropiada de los padres es reconocer que sí, que están molestos, pero que todavía no pueden tener el helado, y que, lo más importante, igual estarán bien sin él. El padre con BPD puede reaccionar de una manera incongruente a esta situación. Pueden comenzar a sentirse angustiados por los gritos de sus hijos hasta el punto de malinterpretar el evento como una crítica sobre su paternidad. Pueden creer, completamente, que su hijo no los ama. Esto se percibe como una amenaza de abandono.

Esto no es una hipérbole: el padre con BPD puede experimentar una rabieta de un niño pequeño como una amenaza de abandono. La realidad es que, hasta la adolescencia, la única persona que puede abandonar a alguien es el padre. El padre con BPD puede, en lugar de calmar a su niño, atacar su malestar como "equivocado" o "egoísta" o, en momentos extremos, gritarle "ideseará nunca haberte tenido!". Todo es un juego dramático para recuperar la sensación de seguridad del padre con BPD. El daño, sin embargo, es que el niño está confundido acerca de su propia vida interna. El patrón, si se continúa durante el desarrollo del niño, se transformará en una inquietante sensación de que todo lo que sienten está mal.

Este patrón también afecta las relaciones adultas entre personalidades limítrofes y personalidades estables. Estar en una relación romántica cercana tiene un profundo impacto en la sensación de bienestar y perspectiva de una persona.

Ali, un joven que comenzó a trabajar en una empresa nueva de tecnología después de su graduación, se enamoró de su jefa, una mujer de poco más de 30 años. "Era el momento de mi vida", dijo, hasta que las tendencias BPD de ella comenzaron a hacerle sentir que él era completamente responsable de su bienestar. "Sentía que hasta si miraba a otra chica, ella me atacaría verbalmente. Y solo estaba pidiendo café, ¿sabes?" Su relación duró cinco años y en ese momento, Ali notó un declive en su propia confianza. "Fue como si hubiera perdido mi dirección, mi dirección interna, porque toda mi energía fue hacia ella. Solía ser despreocupado y me iba de viaje con mis amigos, o incluso sabía lo que quería hacer con mi carrera, pero estar enamorado de ella me hizo comenzar a dudar de mí mismo. También sentí como si hubiera perdido mi capacidad para estar enojado. Pero, oh, eso cambió después de que me salí de la relación". Ali quiso compartir que todavía valora su tiempo juntos, pero por diferentes razones de las que esperaba. "Creo que aprendí mucho sobre mí mismo. No sabía que iba a aguantar algunas de las cosas que hacía, y he trabajado en estas áreas personalmente desde entonces. Realmente la amaba como persona, y todavía lo hago. Sin embargo, creo que tuve que trazar una línea entre ella y lo que su trastorno le estaba haciendo pensar. Y lo que me estaba haciendo a mí."

Recuperarse de una relación cercana con una persona con BPD llevará tiempo y un esfuerzo enorme para volver a aprender (o aprender por primera vez) cómo validar sus propias experiencias. La definición de autoestima es solo esto: la capacidad de validar, aceptar y valorar sus experiencias internas. El BPD interrumpe este sentido vital del yo al servicio de un miedo central que no respeta los sentimientos de otras personas. Si actualmente siente que sufre de baja autoestima, no se preocupe. Este es un aspecto de la psique que puede renacer, crecer o fortalecerse con tiempo, atención y cuidado. De hecho, seguir teniendo curiosidad acerca de su vida y lo que puede estarle afectando es una excelente señal de que su autoestima está funcionando, aunque esté deprimido. El hecho de que se esté educando ahora sobre las posibles dificultades en su vida y cómo curarlas es un signo revelador de vitalidad. Dése una palmadita en la espalda ahora mismo para encontrar formas extraordinarias de persistir y sobrevivir dentro de las desgarradoras cámaras del BPD.

Hágase algunas preguntas ahora para tener una idea de cómo le ha afectado el BPD:

- Cuando se encuentra con un conflicto en el trabajo, escuela u hogar, ¿qué tan seguro me siento de mí para poder manejar la situación de manera constructiva? ¿Le temo a represalias o a decir algo equivocado?
- ¿Tiendo a evitar buscar ayuda en los demás o a evitar una visión realista sobre mi vida y mis metas? Si es así, ¿qué sentimientos me impiden considerar las opiniones de otras personas?
- ¿Puedo aceptar críticas y decidir si realmente aplican para mí? ¿Evito cualquier situación que pueda generar críticas?
- ¿Es cierto que cuando estoy haciendo planes, tengo confianza en mis decisiones? O, ¿siempre tengo la

sensación de que debería haber escogido una opción diferente después de haber hecho un compromiso?

- ¿Mis relaciones me traen un sentido de satisfacción y de validación? O, ¿mis relaciones, ya sea con familiares o amigos, me traen una sensación de inseguridad y malestar?

Un fuerte sentido del yo puede manejar el desgaste de las opiniones, críticas y confrontaciones de otras personas. Una víctima de BPD y los que lo rodean tendrán dificultades para defenderse (lo cual no es sorprendente, ya que es directamente un "yo" perdido que está en juego). Si sospecha que está lidiando con problemas de autoestima, autovalidación, fluidez emocional (poder sentir una amplia gama de emociones) o falta general de valía personal, entonces la orientación profesional sería más que apropiada para ayudarle en su viaje.

La lectura de autoayuda es fantástica y puede apoyar sus esfuerzos para lograr un sentido más gratificante de sí mismo. La ironía es que la autoayuda es más efectiva con un fuerte y claro sentido de sí mismo. Hablar con un terapeuta con licencia es un buen lugar para empezar. Incluso si su ser querido aún no ha obtenido un diagnóstico oficial de BPD, o puede que, por diversas razones y limitaciones (ya sean personales o circunstanciales) nunca obtenga un diagnóstico oficial, un terapeuta entrenado en BPD puede ayudarlo a manejar el impacto que ha tenido en su vida.

Capítulo 6: Técnicas del Día a Día para la Mejora Personal

Ahora tiene una visión general del Trastorno Limítrofe de la Personalidad. Este capítulo le dará herramientas procesables que puede comenzar a usar ahora para mejorar sus circunstancias, independientemente de si tiene BPD, o si está apoyando a un ser querido con el diagnóstico. Como se dijo antes, el BPD es un diagnóstico clínico, no un juicio. Ni este libro, ni ningún otro, puede servir como diagnóstico oficial o tratamiento. El asesoramiento ofrecido aquí es para beneficio personal y debe ser utilizado en conjunción con el cuidado adecuado.

La mayoría de estos consejos aplican tanto a los individuos con diagnósticos y a aquellos que tienen seres queridos con BPD. Esto no significa que aquellos que están cerca del BPD también tienen, o "se les pega" el trastorno. El modelo para los esfuerzos de recuperación para el BPD comparte una estructura similar a la de Alcohólicos Anónimos y Al-Anon. El grupo anterior se centra en doce pasos a medida que se relacionan con su adicción. Al-Anon, un grupo de apoyo para aquellos que han tenido relaciones estrechas o han sido afectados por el alcoholismo de otra persona, también trabaja los mismos pasos, pero a través de un filtro de su relación específica con el alcoholismo y de amar a alguien que está sufriendo. Los pasos siguen siendo los mismos porque, así como manejando el BPD, las herramientas necesarias permanecen sin cambios: el trabajo terapéutico de auto-conciencia y auto-calmarse.

Fomentar La Auto-Conciencia: La Identificación de Patrones Negativos de Pensamiento

La comprensión de los patrones negativos de pensamiento puede ser liberadora, especialmente para aquellos que nunca se han sentido capaces de controlar la auto-imagen negativa y los sentimientos de baja autoestima. Aquellos que sufren de BPD habrán experimentado definitivamente al menos uno de las siguientes distorsiones de pensamientos negativos. Aquellos cercanos al trastorno quizás adopten o sean estimulados a repetir estos patrones de pensamiento para que coincidan con una realidad deformada. A continuación, una breve introducción de cada distorsión cognitiva aplicada al BPD, así como un ejercicio para fomentar la auto-conciencia de estos heraldos de los pensamientos negativos de sí mismo.

El Pensamiento Polarizado es el clásico patrón de pensamiento limítrofe de todo-o-nada. O alguien es perfecto y bueno, o son indignos y un fracaso. No hay punto medio. Si la conversación va bien, entonces está bien, pero si hay una pequeña desviación de sentimientos cómodos entre sus participantes, es un desastre. Conseguir un nuevo empleo después de una entrevista significa que usted es un éxito, pero si no se da, entonces no hay nada bueno en su camino, nunca.

La principal característica de este patrón de pensamiento, es un vocabulario con palabras como "siempre", "nunca"," y "total". En este mundo de pensamientos, las apuestas son siempre demasiado altas y las decepciones son demasiado debilitantes para el yo. En realidad, nada ni nadie es "perfecto" o "un éxito total." La vida tiene matices de gris para todo el mundo y esto no es limitante, es liberador. Preste atención a sus pensamientos después de un triunfo o decepción percibidos. ¿Cómo se habla a sí mismo? ¿Le hace sentir ansioso ser demasiado optimista o demasiado lleno de desesperación? ¿Cuál es en realidad la verdad de la situación?

La **Catastrofización** fácilmente aparece en la mente del BPD. Ver las noticias de la televisión y oír un triste informe de un accidente de coche, genera un patrón de pensamiento de "*¿Y si fuera yo? ¡Sé que me va a pasar! Oh, Dios mío, ¿qué hay de fulano y mengano, nadie debería conducir coches nunca más!*" Hacer una catástrofe de los acontecimientos de la vida no le hace a nadie ningún bien.

En el raro caso de una catástrofe de verdad, todavía hay maneras de aislar el evento para que no manche la posibilidad de que otros eventos también se conviertan en un desastre. Cuando comience a sentirse desconectado por las malas noticias, o empieza a sentir paranoia de la nada acerca de un acontecimiento doloroso, pregúntese a sí mismo, "*¿Estoy sacando las cosas fuera de proporción? ¿Qué probabilidades hay de que ocurra de verdad este desastre? ¿La probabilidad aumentó al momento que empecé a pensar en ello? ¿Qué me inspiró a empezar a pensar de esta manera?*"

La catastrofización también se extiende al lado positivo, exagerándolo. Los pensamientos catastrofizantes podrían hacerle pensar que las cualidades de alguien más los hacen perfectos, o que sus recientes éxitos están millas por encima de los suyos. Este tipo de pensamientos distorsionados también puede minimizar eventos a los que se le deben dar valor e importancia. Por ejemplo, la minimización de sus logros personales y cualidades puede ser una forma de auto-catastrofizarse. Esta forma de pensamiento también puede ser utilizada para ignorar las banderas rojas en una relación y restarle importancia a lo significativas que pueden ser las imperfecciones de alguien más. Puede comenzar por preguntar si lo que está pensando y sintiendo sobre usted mismo u otra persona es adecuado. También puede comprobar para ver si lo contrario parece cierto. Si cree que un evento que fue un error califica como un "desastre", ¿puede comprobar y ver si piensa que otros lo ven de la misma manera? Simplemente pregúntese internamente. Comience a reconocer que hay muchas maneras de ver una situación antes de sentir que su experiencia es la verdad concluyente.

La **Personalización** es una de las favoritas de la disposición BPD. Este pensamiento es una distorsión que hace que una persona crea que las acciones y los sentimientos de otra son una respuesta directa a su propio comportamiento o pensamiento. La verdad es que la gente existe independientemente de nuestra vida y nuestros pensamientos. Si entra en una habitación y la gente mira y parece aburrida, no es porque *usted* los está aburriendo. La personalización hace que estos momentos parezcan tener un origen directo del pensador de la distorsión.

Este patrón de pensamiento también lleva a las personas a asumir responsabilidad de acontecimientos que no tenían nada que ver con ellos. Una mujer con BPD puede tomar responsabilidad de un desastre natural que ocurrió en el otro lado del mundo. "¡Si tan sólo hubiera sido una mejor persona!", gritaría en respuesta como explicación. Esto puede parecer extremo, pero el pensamiento distorsionado no tiene lógica. La *sensación* de ello es cierta para el individuo con BPD y ese sentimiento es suficiente como prueba. Trate de separar los pensamientos de personalización de la verdad de que todo el mundo tiene una experiencia única en este planeta.

Usted puede comenzar a reconocer este tipo de pensamiento y recuérdese a sí mismo, "me sentí muy incómodo y también no puedo saber lo que la otra persona estaba realmente pensando. Él se veía incómodo y eso no significa que yo le haya incomodado". Con suerte, ¡es un alivio recordar que usted no es responsable de todos los eventos en el mundo! La realidad compasiva es que esta forma de pensar es una manera de tomar el control de un mundo que una vez estuvo muy fuera de control. Es un noble intento de darle sentido al a menudo ilógico curso de los acontecimientos y las emociones en la vida, pero la personalización termina sólo perjudicando al yo al asignar demasiada culpa a acontecimientos sin importancia.

¿Se culpa a sí mismo fácilmente por la acción de los demás? ¿Ve malos eventos y trata de entender cómo pudo haberlos causado? ¿Es difícil para usted dar un paso atrás y no estar involucrado en los trastornos y crisis de otras personas? Si es así, tenga cuidado del papel que la personalización puede tener dentro de sus patrones de pensamiento.

Las Falacias de Control son pensamientos distorsionados que inducen a creer que están bajo el control de otra persona, no de sí mismo. Hay dos razas de este pensamiento distorsionado: el control externo y el interno. Mientras que las falacias de control externo son menos comunes para el individuo limítrofe, su marca puede ser evidente en situaciones donde la rendición de cuentas es descargada en otro. Por ejemplo, la fecha límite de un proyecto no se cumple no por el comportamiento BPD del individuo, sino *porque mis hijos me distrajeron demasiado.* Las falacias de control interno aparecen como tomar responsabilidad de los estados emocionales de todos. *Mi pareja está molesta y debe ser mi culpa.* La dirección, interna o externa, da una falsa sensación de control o de ser controlado y va a inundar o confundir la responsabilidad en las interacciones personales.

Saltar a Conclusiones aplica tanto a personas y eventos. Este patrón distorsionado hará parecer que es posible leer las motivaciones y sentimientos de los demás sin tener la confirmación de que estas lecturas son correctas. "¡Yo sé que ella está enojada conmigo porque yo sé!" puede declarar un individuo limítrofe sin espacio para el hecho de que, sin preguntar, no hay manera de saber por qué alguien está molesto. Esto también aplica a la predicción del futuro y a asumir que los eventos resultarán positiva o negativamente sin una visión equilibrada de la posibilidad. En ambos casos, los pensamientos distorsionados que saltan a conclusiones evaden el malestar y la incertidumbre de *no saber*. Las personas con BPD habitualmente saltarán a conclusiones para evitar esta incertidumbre. Si las cosas son inciertas, eso significa que las cosas pueden cambiar rápidamente. Es más fácil para el limítrofe para saltar a una conclusión negativa en lugar de tolerar la incertidumbre de una relación o de que algo posiblemente acabe mal.

El **Filtrado** es el proceso selectivo que sólo se centra en las consecuencias negativas de una situación y la eliminación de todos los aspectos positivos. Jenny va a una fiesta y se siente muy tímida. Su meta es hablar con un par de personas nuevas y con suerte conocer a un chico atractivo. Ella pasa la noche riendo con sus amigos y sí termina conociendo algunas personas nuevas, pero no conecta con posibles citas. En lugar de estar orgullosa de superar su timidez y pasarla bien, Jenny se centra en los pensamientos que le dicen que la fiesta fue un completo fracaso y que, dado que ningún chico atractivo charló con ella, no es digna de ser amada. Ella pasa la próxima semana enfocándose en que eligió el vestido equivocado para usar y cómo probablemente asustó a la gente con su risa "demasiado fuerte". Esto puede seguir y seguir, cuando nada de la realidad corrobora los pensamientos de Jenny.

El BPD ama filtrar los eventos, ya que ayuda a mantener el caos y la confusión interior que alimentan el trastorno. Si los limítrofes tienen miedo a ser abandonados, entonces una constante cinta mental de detalles que se centran en lo inevitable que es estar solo y abandonado ayudará a engañar al individuo limítrofe, haciéndole creer que el peor de los casos se hará realidad. Esto crea una realidad en la que todos los comportamientos distintivos de los BPD aún tienen sentido. El filtrado de los pensamientos es como el concepto de Instagram de utilizar filtros para hacer que la realidad se vea mejor, salvo que en este caso, el filtro presenta una imagen de lo cruda que se siente la realidad para el individuo limítrofe.

La **Sobre Generalización** es una forma de pensamiento distorsionado que vuelve un evento en una regla para todos los tiempos. Los individuos con BPD a menudo se apresuran a generalizar como una medida de auto-defensa. Mientras que perder el autobús y llegar tarde al trabajo un día es irritante, el hombre limítrofe puede decirse a sí mismo que siempre llega tarde al trabajo y que es una causa perdida. Esto le impide ver el día agitado como un evento de una sola vez y sirve para protegerse de la responsabilidad de llegar a tiempo al trabajo. Puede llegar a la oficina y, cuando se le pregunte por qué llega retrasado, responder de manera dramática: "Bueno, soy un desperdicio que no puede llegar a tiempo a ninguna parte". Esta es una sobregeneralización que contrario a la lógica, protege al individuo de hacerse cargo de las consecuencias de una acción o evento. Preste atención a cualquier tema amplio que pueda atribuirse a si mismo en la vida. ¿Siente que siempre se le pierden las cosas? ¿Siempre se pierde? ¿Está seguro de que nunca tendrá éxito? ¿Está seguro que nunca podrá ser amado? ¿Por qué cree que esto es inevitable? ¿Qué evidencia existe para apoyar su caso? ¿Una mala experiencia manchó todo su futuro? ¿Es esto justo?

La **Falacia de la Equidad** es una delicada distorsión del pensamiento que es muy individual. La idea de la equidad puede hacer que la vida en el mundo sea extremadamente inhóspita. La falacia de la equidad toma una situación y la convierte en un arma interna. Es posible que una amiga haya anunciado su compromiso recientemente y se haya corrido la voz en las redes sociales. Su amiga con BPD ve esto como una injusticia, ya que ella es la que ha estado soltera por más tiempo, y el mundo debería unir a los que han estado esperando más tiempo. Ahora, este análisis es muy específico para el sentido de justicia de la amiga con BPD y puede sonar absurdo para otra persona. Es por eso que es importante notar cuando un sentido de justicia entra en sus pensamientos. ¿Qué cree que es injusto en la vida? ¿Cuándo gira esa sensación de injusticia hacia adentro y siente resentimiento por el trato "injusto"? ¿Hay otras formas de ver la situación que no sea justa ni injusta, sino simplemente un hecho de la vida?

Culpar es una distorsión frecuentemente utilizada por las personalidades limítrofes. La culpa significa asignar responsabilidad donde no corresponde. La culpa puede parecerse a hacer que otra persona sea responsable de nuestros sentimientos. *¡Me pones tan celoso!* La falacia aquí es que nadie puede hacerte sentir nada. Sus emociones son parte de su dominio privado. Sí, la gente actúa y dice cosas que le hacen reaccionar.

Sin embargo, tan imposible como pueda parecer, usted elige sus emociones. ¡Eso es correcto! En todo caso, lo más honesto que puede decir en una situación angustiosa es: "*Me has dicho cosas muy insultantes y te estoy permitiendo hacerme sentir enfurecido*". Esa es una descripción adecuada de lo que está sucediendo. Aunque todos tienen dificultades con esta realidad, no solo los BPD u otros trastornos de la personalidad. Pregúntese honestamente si cree que puede elegir sus emociones. Si no, ¿quién elige cómo hacerle sentir? Si esa persona ya no existiera, ¿quién determinaría cómo se siente? ¿Puedes cambiar cómo se siente cuando está solo? ¿Cuando está en un grupo? Si es así, ¿cómo puede empezar a cambiar? ¿Qué cambiaría en su vida si fuera responsable de cómo se siente en cualquier situación?

El **Razonamiento Emocional** es la dificultad para separar los sentimientos de los hechos. *Me siento feo así que yo soy feo*. Quedarse en el reino de asumir los sentimientos como hechos es una aventura mareante e ingrata. Los sentimientos deben permanecer distintos de la evidencia y la realidad. Una famosa letra de Radiohead dice: *Sólo porque lo sientes / No quiere decir que está ahí*. El BPD crea un mundo donde los sentimientos se priorizan sobre la realidad. Sálvese de la naturaleza cambiante de una definición de la vida impulsada por las emociones, detectando cuando entra en juego el razonamiento emocional. ¿Qué cree que es cierto porque se siente cierto? Si se siente como un fracaso, ¿significa eso de verdad que nunca tendrá éxito en una meta en la vida?

Los **"Deberías"** son pensamientos distorsionados que se enfocan en reglas rígidas para la vida. A menudo se usan para castigar al yo. *Debería empezar a correr tres veces a la semana, debería lavar los platos, debería llamar más a mi madre*. Lo que se cuela por debajo del radar es la idea de que está incumpliendo las reglas al no seguir órdenes estrictas. Cada vez que se dice que "debería" se está culpando.

Las personas con BPD se encerrarán en una jaula de "deberías" para castigarse a sí mismos por "ser malos". ¿Qué sucede cuando no se levanta a la hora en que "debería" levantarse? Un bombardeo de autocrítica que puede convertirse en una perspectiva negativa para todo el día. Un bombardeo de autocrítica que puede convertirse en una perspectiva negativa para todo el día. *Quiero tener más resistencia así que me gustaría correr tres veces a la semana, me siento más tranquilo cuando los platos están lavados, así que lo haré antes de acostarme, me gusta cuando mi madre dice que se siente mejor después de que la llamo, así que la llamaré más.* Esto aporta calidez, aliento y amor propio en la toma de decisiones en lugar de órdenes autoritarias.

¿Cuántas veces se dice a sí mismo que "debe" hacer algo? Elija uno de estos "debería" ahora mismo y piense por qué desea hacer la tarea. ¿Puede replantear el objetivo en términos de cómo se beneficiará al lograrlo?

Siempre Tener la Razón es una distorsión cognitiva que se dispara cuando un individuo experimenta estar "equivocado" sobre algo como estar "mal" dentro de sí mismo. Este patrón de pensamiento distorsionado atacará a los oponentes percibidos para ganar un argumento *a toda costa*. Esto incluye la pérdida de amistades o herir sentimientos. Uno puede pensar que es un sentimiento de orgullo lo que alienta este patrón de pensamiento, pero en realidad es una falta de autoestima. Aquellos con un sentido sólido de autoestima pueden permitir desacuerdos, ya que estas diferencias no tienen ningún efecto sobre quién es esa persona.

Las personas con BPD no tienen esta línea base de autoestima. Se perciben a sí mismos como lo que sea que esté sucediendo emocionalmente para ellos en este momento. Si están "equivocados" en una discusión, entonces *están mal* y se sienten avergonzados. Esto se evita con argumentos obstinados, de tipo "el ganador se lo lleva todo". ¿Siente la necesidad de tener la razón todo el tiempo? Cuando se equivoca o comete un error, ¿puede aceptarlo fácilmente? ¿Qué pasaría si dijera que estaba equivocado? ¿Cómo se sentiría?

La Falacia de la Recompensa Divina es el mito de que hay un marcador de moralidad que hace seguimiento de los sacrificios y las abnegaciones y recompensará a los que sean mártires. Cuando estas prácticas restrictivas no son

78

recompensadas, entonces se genera resentimiento. Los que están cerca de un ser querido con BPD pueden caer en este patrón de pensamiento distorsionado, ya que es fácil para las víctimas del comportamiento limítrofe aprender a negar sus deseos y necesidades. Esto se puede internalizar como una jugada para obtener una recompensa posterior de su ser querido con BPD. Un niño que comienza a ver que su padre prefiere silencio en el hogar puede estar tranquilo durante todo un fin de semana, con la esperanza de recibir el elogio de sus padres. Cuando no lo recibe, entonces su corazón se rompe.

¿Quién se beneficia de que usted sufra? ¿Qué espera cuando hace sacrificios por alguien más? Si no recibe agradecimiento por su tiempo o energía, ¿siente rabia o resentimiento? Si bien hay una necesidad humana de apreciación y agradecimiento, trabajar para cambiar la falacia de la recompensa divina a algo menos secreto es saludable. Nadie debe sufrir en silencio bajo la expectativa de que eso garantizará una recompensa.

El Contrapeso a los Patrones Negativos de Pensamiento: Afirmaciones

Después de familiarizarse con los anteriores patrones de pensamiento desordenados, probablemente se haya encontrado con algunos que se sientan cercanos. Estos patrones de pensamiento no son exclusivos del BPD y todo el mundo tiene, hasta cierto punto, estas formas habituales de enfrentar situaciones estresantes o inesperadas. El primer paso es aprender a reconocer y categorizar un pensamiento negativo cuando se produce.

No se preocupe por ser 100% preciso sobre en cuál categoría cae el pensamiento. Si está esperando en la cola de la caja de compra y un niño pequeño comienza a tener una rabieta delante de usted, es posible que se sienta molesto. Tal vez su sentimiento de irritación se convierta en pensamientos de *odio estar cerca de niños, siempre me molestan los niños, los niños probablemente me odian, incluso cuando era un niño, a nadie le caía bien* ... Esta serie de pensamientos inconscientes e instantáneos tiene varios patrones distorsionados dentro de él. Hay una sobregeneralización en "todos los niños me odian", filtrado al centrarse en el niño en la caja de supermercado y ningún otro detalle sobre el día, personalización al creer que el llanto del niño tiene que ver con usted, y el razonamiento emocional en que, ya que siente que los niños lo odian, obviamente lo hacen. ¡Nada de esto es verdad! Sin embargo, aparece rápidamente y cambiará su estado de ánimo en un minuto.

No es tan importante capturar e identificar cada patrón de pensamiento distorsionado. Lo importante es comenzar a distanciarse de su poder. Para hacer esto, usted necesita estar armado con las afirmaciones. Las afirmaciones son declaraciones planificadas y positivas para responder a eventos decididos. Las afirmaciones más útiles afirman su realidad mientras que incluyen a otros. Por ejemplo, no tiene sentido que se digas a si mismo, "estoy feliz", cuando está enojado. Las afirmaciones no se tratan de mentirse a si mismo. La única forma de construir una autoestima real es decirse la verdad.

La verdad, sin embargo, incluye al mundo más amplio, que es nebuloso a veces o incluso desconcertante para la personalidad limítrofe. Una mejor afirmación es, cuando esté molesto, "Estoy enojado, y no es el fin del mundo. La gente se molesta todo el tiempo y lo superan." Encontrar algunas afirmaciones claras, simples y directas puede hacer maravillas cuando alguno de los patrones de pensamiento distorsionados entran en juego. Revise la lista de afirmaciones sugeridas para situaciones difíciles a continuación y vea si alguna le conviene. Si es así, saque una libreta y anote la afirmación. Coloque esta nota en algún lugar visible, como su mesita de noche o en su refrigerador, como un recordatorio de que siempre puede acceder a esas palabras cuando lo necesite. Para alentar el uso de afirmaciones, después de leer la lista a continuación, escriba cinco de sus propias afirmaciones de empoderamiento. Recuerde, la clave es afirmar su cosmovisión y el hecho de que hay otras posibilidades fuera de la suya.

Afirmaciones para la Ira

Estoy enojado y he tenido esta sensación antes. Voy a sobrevivir.

El hecho de que esté enojado no significa que deba desquitarme con nadie.

Me amo a mí mismo tal como soy, incluso cuando me enojo. Me encanta la gente, incluso cuando tienen rabia.

La ira es inquietante y molesta a otras personas, también. No estoy solo.

Afirmaciones para la Tristeza

Tengo tristeza ahora. Eso no me convierte en una persona triste. Lo que es verdad ahora no significa que siempre será verdad.

Me doy tiempo para estar triste. Me amo a mí mismo lo suficiente como para darme ese espacio.

Lo que él dijo me está molestando. Ahora, estoy triste por eso. Puede que me sienta diferente más tarde.

No es culpa de nadie que me sienta triste. No es mi culpa y no es la culpa de mi familia. Las emociones siempre vienen y van.

Afirmaciones para los Celos

Su éxito significa que el éxito es posible. Celebro el éxito de otros porque quiero que ellos celebren el mío.

Los celos se sienten horribles y los dejaré pasar. La gente siente celos todos los días.

Noto que los celos me llevan a sentirme impaciente conmigo mismo. Me doy tiempo para sentir lo que necesito. No hay prisa.

Su turno. Adelante, escriba cinco afirmaciones con las que se identifique. Pueden ser muy generales y gentiles o muy directas. Lo que le haga sentir más en control y estable en sí mismo es bueno. Refiérase al ejercicio de la cuenta bancaria emocional del Capítulo 4 para revisar momentos angustiosos cuando una afirmación fuerte puede haber sido útil. Puede usar estos inventarios personales para inspirarse.

El secreto es que todas las afirmaciones, sin importar cómo estén redactadas, comparten un mensaje común. Ese mensaje es que es fuerte, capaz y está dispuesto a cambiar para mejor. ¿Qué mejor mensaje que ese?

Otras Lecturas

Comprender el BPD es un viaje de por vida y hay mucho por explorar. Una de las mejores maneras de aprender sobre el trastorno para usted o sus seres queridos es continuar leyendo sobre el tema. Su terapeuta o psicólogo también tendrá una lista de recomendaciones, y estarán muy abiertos a discutir sus pensamientos y reacciones a medida que absorbe la creciente literatura sobre el tema. Los siguientes títulos se están convirtiendo en referentes para aquellos que buscan respuestas a este complejo trastorno de personalidad. Una lista de lecturas muy recomendables es la siguiente:

I Hate You—Don't Leave Me (Te Odio—No Me Dejes): Comprendiendo la Personalidad Borderline por Jerold J. Kreisman y Hal Straus

Stop Walking on Eggshells (Deje de Caminar Sobre Cáscaras de Huevo) (2ª Edición) por Paul T. Mason, MS y Randi Kreger

Surviving a Borderline Parent (Sobreviviendo a un Padre Limítrofe): How to Heal Your Childhood Wounds & Build Trust, Boundaries, and Self-Esteem (Cómo Curar Sus Heridas de la Infancia Y Construir Confianza, Límites, y Autoestima) por Kimberlee Roth y Freda B. Friedman, Ph.D., LCSW

The Borderline Personality Disorder Survival Guide (La Guía de Supervivencia del Trastorno Limítrofe de Personalidad): Everything You Need to Know About Living with BPD (Todo Lo Que Necesita Saber Acerca de Vivir con BPD) por Alexander L. Chapman, Ph.D. y Kim L. Gratz, Ph.D.

The Dialectical Behavior Therapy Skills Workbook (El Libro de Ejercicios de Habilidades de la Terapia Dialéctica Conductual): Practical DBT Exercises for Learning Mindfulness, Interpersonal Effectiveness, Emotion Regulation, and Distress Tolerance (Ejercicios Prácticos de DBT para Aprender Mindfulness, Efectividad Interpersonal, Regulación Emocional y Tolerancia a la Angustia) por Matthew McKay Ph.D., Jeffrey C. Wood PsyD, y Jeffrey Brantley MD

Conclusión

Gracias por llegar hasta el final de *Descifrando el Misterio del Trastorno Limítrofe de la Personalidad: Una Guía de Supervivencia para Vivir y Lidiar con el BPD para Usted y Sus Seres Queridos*. Esperamos que haya sido informativo y capaz de proporcionarle todas las herramientas que necesita para alcanzar sus objetivos, sean cuales sean.

El siguiente paso es reflexionar. Ya sea que después de leer ahora ve su propia salud mental bajo una luz diferente, o ve a alguien que ama luchando con tendencias al Trastorno Limítrofe de Personalidad (BPD), el mensaje más importante que puede llevarse a casa es que no es su culpa.

Los orígenes del BPD son complejos, no lineales, y se expanden a lo largo de décadas de desarrollo. El BPD es una respuesta desadaptativa al trauma, que se expresa como un miedo severo al abandono. Este miedo es real y no imaginario. Sin embargo, el evento que condujo a este miedo ha terminado y es hora de comenzar a dejarlo ir y sanar.

Los patrones de conducta a menudo autodestructivos fueron creados por los individuos con BPD con el noble propósito de sobrevivir. En general, un BPD es una persona que está tratando de sobrevivir a un trauma del pasado, pero su poder aún reside en el presente. Es por eso que puede ser tan confuso, desalentador, aterrador y una serie de respuestas válidas para quienes aman a alguien con BPD.

Hay muchos recursos para ambas partes a fin de encontrar fuerza y sanar. Un paso necesario es encontrar apoyo profesional adecuado e informado, especialmente con un profesional que se especialice en Terapia Dialéctica Conductual (DBT, por sus siglas en inglés), una terapia cognitiva desarrollada para tratar el comportamiento limítrofe. La DBT ha mejorado las vidas de muchos de los que viven con BPD. La participación en el tratamiento combate uno de los obstáculos más difíciles para curar el BPD: la negación. Al leer este libro y estar más informado, ya ha mejorado su situación, ya que muestra una disposición a entender. Practique tanta compasión y aceptación por si mismo como pueda. Está haciendo lo mejor que puede, un día a la vez.

Finalmente, si le pareció útil este libro de alguna manera, ¡siempre se agradece una reseña en Amazon! ¡Gracias!

Made in the USA
Middletown, DE
15 December 2020

28237491R00050